発達障害の
早期療育と
ペアレント・
トレーニング

親も保育士も、
いつでもはじめられる・
すぐに使える

金沢こども医療福祉センター

上野 良樹・作業療法チーム 著

はじめに

　発達障害は、どのように診断され、どのように治療されるのでしょうか。

　その診断法は、カテゴリー診断学と呼ばれるもので、子どもの行動をよく観察し、親ごさんや他の子どもたちとのかかわりの状態や、子どもが示す行動のパターンなどから診断がつけられます。

　カテゴリー診断学とは、医師によって診断が大きく異ならないようにするために、いくつかの行動の特徴をカテゴリーに分けて、その有無や程度によって診断するものです。

　しかし、血糖値や血圧などの数値の異常や、画像でとらえられる異常ではありません。あくまで、表にあらわれる子どもの行動から診断するので、観察する状況や人によって判断が異なることもあります。

　つまり、脳の発達の凸凹の有無や程度を直接にはかる方法がないので、その異常を反映していると考えられる行動から間接的に評価することになります。

　ですから、このような間接的にとらえられる症状から行う診断の仕方を操作的診断法と呼ぶこともあります。

　しかし、子どもの行動は、環境によってとても左右されます。園のような集団と、家庭のような個ではまったく異なることもめずらしくありません。

そんなふうに考えると、発達障害という診断に絶対的なものはないことを理解しておく必要があるかもしれません。

　この本は題名にあるように、発達障害の早期療育にペアレント・トレーニング（以下ペアトレ）を組み合わせたものです。
　子どもの行動の意味を考えながら、診断基準にあてはまるようなさまざまな行動特性への早期療育の具体的な方法、さらにその過程でのペアトレを取り入れたかかわり方を示していきます。

　非定型的な発達特性のみで発達障害と診断するのではなく、「発達の凸凹のために、適応行動の問題が生じている」と考え、適応行動に導くための早期療育の方法をわかりやすく解説します。
　ペアトレは、名前の通り、親ごさんや保育士さんの子どもとのかかわり方の方法であり、子ども自身は何もする必要はありません。
　まわりの人のかかわり方や、子どもの過ごす環境を整えて、子ども自身が適切な行動、言いかえれば適切な体験をしやすいようにする方法です。ここで紹介する方法は、親ごさんもしくは保育士さんが家庭や園で個別に行うペアトレです。

　個別のペアトレは、いつでもはじめられ、回数や期間にしばられず保護者と子どものペースに合わせてつづけられます。

大切なことは適応行動、言いかえれば子どもたちの体験を成功体験に導くことであり、失敗体験を重ねさせてしまうことによる二次障害を防ぐことです。

　もちろん、完璧な治療がないように、完璧な支援もないと思います。発達障害の重症度は、支援の必要性の程度で決まりますが、支援の量や妥当性を定量化することもむずかしいと思います。

　それでも、子どもたちの成功体験を導き、保証していくことの重要さは疑う余地はありません。

　当センターで作業療法士の先生方が日々行っている早期療育のノウハウを、網羅しました。

　それらとペアトレを組み合わせることで、子どもたちの発達に寄り添い、うれしさを共有し成長を見守っていくうえで、子どもたちのまわりにいるすべての大人に、役立つものであると考えています。

2021 年 1 月　　上野 良樹

1部

ペアレント・トレーニングの基本

● 発達障害のそれぞれの特徴

　下の図に示すように、「知的障害」の子は、全体に発達がゆっくりしている、「自閉症スペクトラム（ASD）」の子は、ものごとのわかり方がちがう、「注意欠如 / 多動性障害（ADHD）」の子は、行動のアプローチがちがいます。

　つまり、それぞれ情報処理の方法が異なり、そのちがいが目に見える行動の特徴としてあらわれてきます。

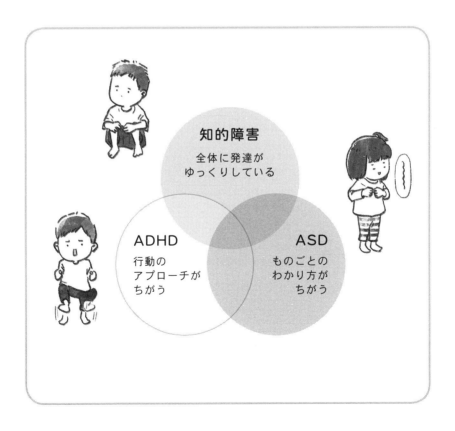

● 診断の基準

　以下は、発達障害の中でも「自閉症スペクトラム」を疑う時の主な行動の項目です。

1　他の子どもに関心を示さない

2　何かを見つけたり、興味を持った時に指さして伝えようとしない

3　見せたいものがある時、お母さんの所に見せに持ってこない

4　1、2秒より長くお母さんと視線が合わない

5　お母さんが名前を呼んでも反応しない

6　お母さんがすること（顔まねなど）をまねしない

7　お母さんが離れた所にあるおもちゃを指さしてもそのほうを見ない

8　いつも同じ道順や順序でないと気がすまない

9　聴覚などの感覚の過敏さや鈍感さがある

　しかし、子どもというのは日々成長し発達し、変化していく存在です。その、ある一時期の行動をとらえ診断すること自体の問題点を指摘する考え方もあります。

　では、発達障害の早期発見の意義はどこにあるのでしょうか。それは、子どもが場面や状況に応じた適応行動をうまくとれないことによって起きる問題の予防や改善につきます。

● 行動を変える＝体験を変える

　大人から見える子どもの〈行動〉は、子どもにとっては自らの〈体験〉です。行動が変わるというのは、子ども自身のする体験が変わることに他なりません。子どもは、体験を通して多くのさまざまなことを吸収し、学んでいきます。

　子どもの行動を変えるとは、特性にこだわらず、状況に合わせた適切な行動を増やし、状況にそぐわない行動を減らすことです。

> **行動を変える ＝** 大人の側から見た世界を変える
>
> **体験を変える ＝** 子どもの生きている世界を変える

　適切な体験をまわりの大人が保証することが、早期療育の目的であり、その体験を子どもの中に成功体験として定着させていくことが、「ペアレント・トレーニング」です。では、ペアトレの基本を詳しく見てみましょう。

1　子どもの行動を３つに分ける

● 次の３つに分ける

　子どもの行動を、（1）好ましい行動、（2）好ましくない行動、（3）危険な行動の３つに分けるのが一般的ですが、ここでは、

（1）できていること
（2）まだうまくできないこと
（3）できればやめてほしいこと

の３つに分けます。

●「いいこと」に気づけると、気持ちが楽に

　大人でも、うまくできないことはいくらでもあります。できていることは、「１回でもできたことがあれば」書き出します。

　あらためて書き出してみると、気づくことがあります。
「けっこういいところがあること」、「いつのまにかできるようになったことがあること」、そしてもうひとつは、同じような場面でも、「できる時とできない時があるということ」です。
　それに気づくだけでも、ちょっとだけ気持ちが楽になります。

好ましい行動　→　　（1）　できていること

● ともだちにおもちゃを貸してあげる

好ましくない行動　→　　（2）　まだうまくできないこと

● ともだちのおもちゃを取る

危険な行動　→　　（3）　できればやめてほしいこと

● ともだちのおもちゃを投げる

● 書き出してみるとわかること

　うまくできないことは、嫌でも目に入ります。がんばっていることは目に入っていても、日頃のできないことに覆われて気づけないこともあります。

　「発達障害ではないか」と言われると、数字に興味のあることも「症状ではないか」と気になります。今していることをつづけたいという子どもの気持ちも、「切り替えがわるくこだわりが強いですね」と言われると、「そうかな」と思ってしまいます。

　３つに分けて書き出してみて、同じような状況でも、できる時とできない時があれば、もうできる力はついてきているのに、うまく発揮できない時があるということです。

　つまり、発揮できる環境を整えれば、好ましくない行動は、好ましい行動に変えることができます。失敗体験を、成功体験に変えることができます。

　右の表を使って、行動を３つに分けて書き出してみましょう。

子どもの行動を3つに分けてみましょう

　「行動」とは、子どもが実際にしていることです。
あなたが見たり、聞いたり、数えたりできるようなことです。
「〜しない」ではなく、「〜している」で書いてみてください。

好ましい行動 できていること	好ましくない行動 まだうまく できないこと	危険な行動 できれば やめてほしいこと
（例） 　ひとりで起きる	他の子のおもちゃを取る	下の子をつきとばす
大きな声で あいさつする	片づけずに次々と出す	他の子にかみつく

2 今できていることに、注目する : 注目名人になる

● 「いつも見てくれている人がいる」と感じてもらう

　大人でも、いくらがんばっても、「誰も気づいてくれない」と思えば、だんだんやる気がなくなります。子どもも同じです。

　うまくできない時は、嫌でも注目をあび、「はやくしなさい」、「何度言ったらできるの」と言われます。しかしそれは、子どもにとっては、「うれしくない」否定的な注目です。大人でも、まだうまくできないことをいきなりできるようにはなりません。

　大人でも、「誰かが自分のことを見てくれている」と感じることは、とても力になります。「いつも遅くまでがんばってくれてありがとう」、「いつもきれいにしてくれて助かるよ」と言われると、「見てくれていたのだ」とわかります。「またつづけようかな」と思います。

　行動を３つに分類し、今できているところに注目するということは、肯定的な注目を通して、子どもに「自分のことをいつも見てくれている人がいる」と感じてもらうことです。

●「うれしい注目」を伝える

　子ども自身が、注目を意識することはないでしょう。しかし、そのうれしさは、私たちがことばや態度にしない限り伝わりません。そして、ことばにし、笑顔になることで、そのうれしさを子どもと共有できます。

　今できていること、「あいさつする」「おもちゃを片づける」などのごくふつうなこと、ちょっと自分でがんばってみようとしていること、それらが目に入ったら、「あいさつできたね」、「ひとりで片づけたね」とその行動を短くことばにします。

「あいさつできたね」

- -

「ひとりで片づけたね」

●「スキンシップをしながら」伝える

　うれしい注目は、ことばだけではありません。ことばの理解の遅れのある時や、全体的に知的に発達の遅れがある時は、ことばよりスキンシップが有効なこともあります。

　スキンシップが苦手な子もいますが、「ありがとう」と抱きしめたり、「がんばったね」と頭をなでてもらうと、スキンシップが好きになるかもしれません。そのことばもきっと大好きになるでしょう。子どものほうから抱っこを求めてくるようになれば、もっとかかわりやすくなります。

「ありがとう」

　この時、子どもに伝えたいのは、「あなたを見ている人がいるよ」、「その行動がいいと思うよ」という気持ちです。
　それが、無意識のうちに子どもに安心感を与え、子どもは過ごしやすくなり、その行動は子どもの中に定着していきます。

● 「伝わりやすく」伝える

　この時のことばのかけ方に、ポイントがあります。伝えたいのは、「あなたのことを見ているよ」、「その行動がいいよと思っているよ」ということですから、目に入ったら、とにかく短く、その行動をすぐにことばにすることです。

「片づけてるね」

- -

「自分で着れたね」

声のかけ方　4 つのポイント

1　1割ルール

好ましい行動にとりかかる様子が目に入ったら、すかさずことばにする。

2　行動だけを短くことばにする

いいなと思ったら、行動そのものを短くことばにする。

「あいさつしたね」「ひとりで用意したね」。

③ 間接的にほめる

お父さんや先生に報告する（直接より、何倍もうれしくなる）。

④ 感謝する

「えらいね」「ありがとう」。

伝えたいのは、あなたを見ている人がいるということ。

●「ありがとう！」がみんな大好き！

　ことばの理解がまだできないように思っても、ハグや頭をなでながら、「ひとりでできたね、ありがとう」、「最後までがんばったね、えらいね」と声をかけてください。

　いつか子どもたちも、そのことばが大好きになります。そういう親ごさんの顔や声が、子どもたちは大好きです。また見たくなります。何よりも、大人も、そのことばが大好きですから。

● ほめた行動と声かけを書き出して、情報を共有する

　子どもの好ましいと思う行動が目に入ったら、短くその行動をことばにし、右の表のように書き出してみることをおすすめします。

　その場で書くことはむずかしいので、家庭なら夜寝る前に思い出して、園なら一日の終わりの時間でしょうか。毎日、書く必要はありません。「そういえば、今日こんなことしたな」とか、「意外な反応があったな」という時だけでもいいと思います。

子どもの反応を書くことで、反応のいいことばや、こんなふうに言ってあげればよかったなど、気づかされることがあります。

　ほとんど反応がないように見えても、子どもはかならず聞いています。同じような声かけになってしまうかもしれませんが、書くことで、声かけをつづけていくモチベーションになります。

　ひとりで書いていても楽しくありません。お母さんなら、お父さんやおばあちゃんと、保育士さんなら、保育士さん同士で共有することもとても重要です。

　「こんなことができるの」「こんな反応するんだね」と、情報を共有し、「もっと短くしたほうが、わかりやすいかな」とか「こんな反応するなら、今度言ってみよう」とか、子どもへの視線や見方を見直すきっかけにもなります。もちろん、子どもがいい反応をしたら、その行動にもつづけて声をかけてあげましょう。

日時	① 注目して ほめた行動	② どんなふうに 声をかけましたか	③ 子どもの反応は どうでしたか
4／1	くつ箱のふたを 静かにしめた	「そっとしめたね」	笑顔で 「うん」と返事をした
4／3	Ｔシャツをたたんだ	「ひとりでたためたね」 「ありがとう」	ズボンもたたもうと した、そして、 引き出しに入れた！
4／6	お片づけをした	「えらい、 ブロックを箱に 入れられたね！」	うなずいたあと、 他のお片づけを つづけた

③ 行動を観察する
: 観察名人 & 原因名人になる

● 応用行動分析を使おう

　大人から見ると、どれだけ理不尽に見える子どもの行動にも、理由のない行動はありません。その子どもの行動を観察し、行動の理由を考えるための方法のひとつが、「応用行動分析」と言われるものです。むずかしい方法ではありません。下の図を見てください。ある行動（Behavior）を起こすには、きっかけとなる状況（Antecedent stimulus）があり、その行動の結果生まれる状況（Consequent stimulus）があります。

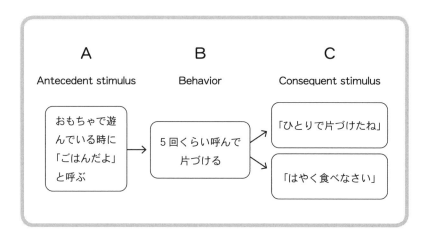

● ＡＢＣ分析で、手がかりを探す

　その行動の法則性は、障害があってもなくても同じです。この法則性に基づいて分析するので、頭文字をとって「ＡＢＣ分析」と言います。

　大人から見てどんなに不適切に思われる行動でも、あらためてＡＢＣ分析的な視点で見てみることで、行動の原因が、その行動の前にあるのか、行動スキルそのものにあるのか、その行動の結果得られる状況にあるのかを考える、手がかりが得られます。

　保育園・幼稚園であれば、複数の先生方で見ることもよいかもしれません。思わぬところに原因があったりします。

　また、先生方で子どもの行動を共通理解しやすくなり、その行動が起こる場面を予測しやすくなります。

　次にそれぞれの原因を考えるヒントをあげてみますので、参考にしてみてください。

A 　**行動の前** に原因がある時のヒント

（ア）社会性やコミュニケーションの力が
　　　まだ育っていない

● みんなといっしょにする楽しさが、まだわからない

● 何をすればいいのかが、伝わりづらい

（イ）自分の好きなことをつづけたい

● 今していることを、変えたくない

● いつもとちがうことは、すぐに受け入れにくい

（ウ）興味をひかれたら、すぐに行動したい

● まわりの刺激が強く、多すぎる

● 待っている時間が、長すぎる

（エ）失敗したくない、うまくできないことをしたくない

● 不安が強いと過剰に反応してしまい、パニックになる

● うまくできないと思うと、自分の世界に入る

●「だめ」とか「やめなさい」ということばに不安が強くなる

（オ）ひとつのことやものにこだわらない

● 気になるものやことがらが多すぎる

● まわりのことに、気がちってしまう

（カ）指示に従うことが苦手

● 指示が多すぎて、わかりにくい

● 誰に向けられているのか、わかりにくい

B 行動 に原因がある時のヒント

（ア）できること、できないことが、まだ凸凹している

● その行動をするスキルが、まだ身についていない

（イ）ことばをまねる力、動作をまねる力が育っていない

（ウ）記憶する力や、見通しをつける力がまだ弱い

（エ）感覚や運動のバランスが未熟

- 体のバランスがわるく、一定の姿勢を保てない
- 特定の感覚が過敏で、不快になってしまう
- 手先が不器用
- 特定の感覚を好む

C <u>行動のあと</u> に原因がある時のヒント

（ア）子どもにとってよい結果をもたらしてくれる

‥‥‥‥‥‥‥‥‥‥‥‥‥‥‥‥‥‥‥‥‥‥‥‥‥‥‥‥

● 行動の結果として得られた状態が、過ごしやすい

● まわりからの注目が得られる

● 相手の反応が楽しくて面白い

● 確実に相手の反応が得られる

（イ）その行動をすると、嫌なことが起きない

- 苦手なことをしたくないので、別な行動をする
- うまくできないことをしたくないので、避ける
- 失敗しそうになると、やめる

（ウ）その場に合った適切な行動ができない

- その行動をしても、子どもにとっていいことが起きない
- その行動をすると、自分にとって嫌なことが起こる

● ＡＢＣ分析のもうひとつの考え方「行動の法則性」

P24の図にあげた行動の例に、ＡＢＣ分析のもうひとつの重要な考え方があります。行動は、一つひとつ完結するものではありません。行動の結果として得られたものが、その前の行動に働きかけ、その行動を強めたり弱めたりします。

行動の例をＡＢＣ分析すると、

（A）子どもがおもちゃで遊んでいる時に、「ごはんだよ」と呼ぶ。

（B）何度か呼ばれたあとに、自分で片づけて食卓にくる。

（C）その行動に対して、すぐにはこなかったが、片づけたことに、

　　（1）「ひとりで片づけたね」「ごはん食べよう」と声をかける。

　　（2）「何度呼べばできるの、はやく食べなさい」と声をかける。

そんな2通りの結果を考えてみます。

この時、子どもが「今している、好きな行動をつづけたい」と思う気持ち自体は、決してわるいことではありません。

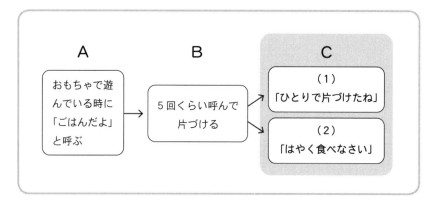

子どものできない部分は、もちろん気にはなります。でも、すこしでもできた部分をみることで、「次は、自分ではやく片づけよう」という気持ちが、「強化」されるかもしれません。

　でも、「何度呼べばくるの」と、できないところだけに注目すれば、次にはつながりにくくなります。自分で片づけようとした子どもの気持ちは、かえって「消去」されるかもしれません。

　これを、「行動の法則性」と言います。

（1）「ひとりで片づけたね」「ごはん食べよう」と声をかける

（2）「何度呼べばできるの、はやく食べなさい」と声をかける

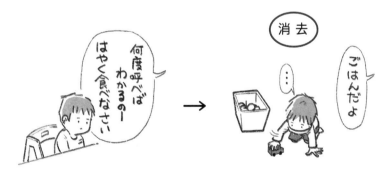

● みんなで考える時にちょっと「専門用語」を使ってみる

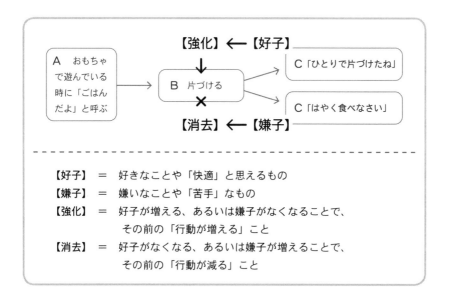

行動の分析の時に使われる用語を知っておくとけっこう便利なので、覚えて使ってみてください。

たとえば、「〇〇ちゃんには、ダメって追いかけてもらえることが【好子】になっているんだね」という感じです。

【好子】を考える時、大人の思う【好子】と、子どもにとっての好子が、かならずしも一致しないことにも注意がいります。

ペアトレの肯定的な注目は、笑顔もことばも、【好子】になっても【嫌子】になることはありません。つまり、プラスになってもマイナスになることはありません。

「ひとりで片づけたね！」。一度の声かけで、その行動が定着することも少なくありません。

● 次にうまくできればいい

　このように、子どもの行動をＡＢＣ分析して、その行動の原因が、どこにあるかを考えることで、次への対応策を考えることができます。同じような状況はこれから何度でもあります。

　起きてしまったことは、元には戻りません。起きてしまったパニックは、静まるのを待つしかありません。大切なことは、子どもが「次にする体験」です。次に、うまくできればいいのです。

4 目標を考え環境を整える
：環境名人になる

● 成長や発達には環境を整えることがすべて

　行動分析学では、行動を〈個人と環境の相互作用〉であると考え
ます。これは、大人も子どもも同じですが、子どもの場合は経験の
少ない分、大人より環境の影響をさらに強く受けます。

　もし、環境を整えることで、子どもの行動をその場に合った適切
な行動に変えることができれば、症状ではなくなります。症状がな
くなれば、もはや病気でも障害でもありません。その意味では、す
べての子どもたちにとって、過ごしやすい環境を整えることが、成
長や発達のうえでもっとも大切なことです。

● 子どもの視点に立って、環境を整える

　その行動の原因を考える時に一番大切なことは、子どもの視点に立つことです。大人の視点は、子どもに原因を求めがちですが、子どもの視点は環境に向けられています。

　子どもの視点に立つことで、「行動しやすい環境を整える」ということの意味をさらに理解することができます。

大人の視点	子どもの視点
・指示が聞けない →	今、やりたくないことを指示される
・他の子とかかわらない →	ひとりで遊ぶほうが安心できる
・落ち着きがない →	気になる刺激がいっぱいある
・パニックを起こす →	何をしていいかわからなくて不安
・外に出ていく →	先生やみんなの注目をあびられる

刺激がいっぱいある
（集中できない）

刺激が少ない
（集中）

● 行動目標は、「肯定的な注目」になるように

「奇声をあげる」、「すぐに手が出る」、「何度でも同じまちがいをする」、そんな不適切な行動を見た時、どうしてもその行動を「やめさせる」ということに対応は向かいがちです。

しかし、「奇声をあげない」「手を出さない」のように、ある行動をしないということは、支援の目標にはなりません。

〈死人テスト〉というものがあります。行動か行動ではないかを考える時、死人ができることは、行動ではないとするものです。たとえば、「かんしゃくを起こさない」というのは、死人でもできるので行動ではありません。

行動ではないものが、「行動目標」になることはありません。それは、失敗体験になっても、決して成功体験にはなりません。

「その行動の代わりにどう過ごしてほしいか」を決め、その行動がとれるための環境を整えることが、支援の目標です。

下の図のような目標シートをよく見かけますが、目標は、「ともだちを叩かない」ではなく、「ともだちとなかよく遊ぶ」です。「立って歩かない」ではなく、「座ってお話を聞く」です。「ともだちを叩かない」を目標にすると、叩いたとたんに「叩いたらだめ」と注意されることになり、否定的な注目しか生み出すことができません。

　「ともだちとなかよく遊ぶ」が目標であれば、それができているうちに「なかよく遊んでるね」と声をかけることができます。行動目標が変わることで、自然に肯定的な注目になります。子どもたちにとって、肯定的なことばの力はとても大きいのです。

●「否定的」な注目の目標

目　標	月	火	水	木	金
ともだちをたたかない	×				
おもちゃをとらない					
ごはんのときにあるかない	×				

●「肯定的」な注目の目標　↓

目　標	月	火	水	木	金
なかよくあそぶ	○				
「かして」という	○				
すわってたべる	○				

　最初からバツがつけば、子どもだってやる気がなくなります。

　できているうちが、「声かけ時」です。そして、肯定的な注目がその行動を伸ばしてくれます。

● 「代わりにしてほしい行動」のために、環境を整える

　ＡＢＣ分析から、その「行動の原因を考え」、「代わりにしてほしい行動」を決めて、「その行動がしやすい環境をつくること」が、支援の最終目標になります。

　「代わりにしてほしい行動」を決めることは、それほど悩むことはないかもしれません。しかし、そのために「どのような環境をつくってあげるか」は、試行錯誤が必要です。もっとも大切なことは、子どもの視点に立つことです。「その環境が子どもにとってわかりやすいかどうか」です。

　いろいろな環境調整を試みながら、子どものできたところ、すこしでもがんばった部分に注目していけば、その体験を絶対に失敗体験に終わらせることはありません。

　「代わりにしてほしい行動」、その行動をしようとしていたら、その行動がすこしでもできていたら、「あなたのその行動を見ていたよ」と伝えてください。声のかけ方の４つのポイントを忘れずに。

　そうして、子どもとうれしさや楽しさを共有すること、それが、ペアトレの基本です。そして、早期療育と組み合わせることの「大切さ」です。

2部

適応行動を学ぶ

早期療育と
ペアレント・トレーニング

早期療育で新しい世界の一歩を踏み出す

● 早期療育の目的

　早期療育の目的は、適応行動をうまくとれないことによって起きる問題の改善や予防ですが、もうひとつの大きな要素があります。それは、家庭や保育への支援という側面です。

　発達障害の行動特性は多くの場合、家庭では育てにくさにつながり、さらに子どもの将来への不安につながっていきます。

　また、保育という集団の場であれば、かかわりにくさという形であらわれると思います。

　しかし、発達障害であろうとなかろうと子どもたち自身が、人とのかかわりを望んでいないわけではありません。

　多少の個性はあるかもしれませんが、発達の凸凹のためにその気持ちをうまく行動にあらわせないのだと思います。あるいは、私たちがとらえきれないのかもしれません。

　私の勤務するセンターにも、発達障害を疑われたり、診断されたりした子どもたちが受診しにきます。待合室にいき、声をかけて、診察室まで手をつないで移動するようにしています。もちろんまったく反応してくれない子もいますが、すっと手をつないでくれる子もいます。そんな時にお母さんから、「この子が人と手をつないで歩くのははじめてです」と言われることがあります。

　早期療育のもっとも大切な部分は、まずまわりの大人が、子ども

たちの姿をありのままに受け入れ、自然に接することだと思います。それが、子どもたちを笑顔にし、親ごさんを笑顔にしてくれます。子どもたちは、かならず成長し、発達し、変化していきます。

　私たちに必要なまなざしは、その変化を、子どもといっしょに喜び、そのうれしさを子どもと共有することではないでしょうか。親ごさんを不安にする支援を支援とは言わないように、不安を抱えながらの子育てや保育は、かならず子どもを不安にして、さらに過ごしにくくさせてしまいます。子どもの変化に気づけなければ、うれしさも共有できません。

　早期療育とうれしさの共有はセットであり、目標は最終的なゴールではなく、日々の喜びかもしれません。早期療育とペアトレを組み合わせるのはそのためです。

　子どもは、大人の思い通りになど絶対に動いてくれません。大人の世界に子どもを合わせようとするのではなく、子どもの世界に入り込みながらいっしょに体験することで、子どもは新しい世界に安心して一歩を踏み出し、適応行動を身につけていってくれます。

　ここに書いてある早期療育の方法は、いずれも親ごさんや保育士さんが子どもたちの日常生活に取り入れやすいものになっています。療育と言うと堅ぐるしく感じますが、子どもとかかわることを楽しむ、子どもとのかかわりが増えることを喜ぶための方法です。

　毎日でも、週に2回ぐらいでもかまいません。30分くらいを目安に無理しない、無理させない範囲でつづけてください。くり返し積み重ねる中の、子どもの行動への気づきと、私たち大人のかかわり方の変化が、子どもたちの発達や成長を促してくれます。

1章

人への
気持ちを
育てる

　赤ちゃんは、お母さんのお腹の中にいる時は、聴覚でお母さんの
声を聞き、触覚でお母さんの体温や拍動を感じ、前庭覚でお母さん
の動きを感じます。視覚は、「おぎゃー」と生まれるまでは真っ暗で
何も見えません。

　「おぎゃー」と生まれてお母さんと離れると、触覚と前庭覚に感じ
ていたものは一気になくなります。代わりにあるのは、なつかしい
声の響きと、哺乳の時に感じる10カ月間慣れ親しんだ温度と、心

拍のリズムです。

　生まれてはじめて、ぼんやりと見える自分と分離した他者をどうやって認識するのかは、赤ちゃんに聞いてみないとわかりません。

　おそらく、視覚からの情報や皮膚からの感覚が優位になってくることで、他者への認識が育つと思われますが、中には聴覚や触覚、前庭覚の刺激が強く残ることで、視覚からの情報をなかなか活かしきれない子もいるかもしれません。そのことが、他者の存在という認知を阻害する可能性はあると思います。

　視覚からの情報を取り入れることが苦手であれば、こちらから子どもの視野に入り、アイコンタクトを促します。

　さらに、見えるものを指さすことで、ことばはなくても相手とコミュニケーションがとれることを学びます。まわりを見て学ぶことが苦手であれば、教えてもらって学べればいいのです。

　発達障害、とくに「自閉症」ということばは、自分の世界に閉じこもって他者への気持ちが乏しいというイメージを抱いてしまいますが、うまくあらわせないと考えてよいと思います。

　人への気持ちが育つことで、まわりの環境の人以外の「もの」への関心が減っていきます。そしてそれは、人への気持ちをさらに育ててくれます。

　人への気持ちを育て、その気持ちを伝えたいと思うことが、子どもにも、大人にも、過ごしやすさを自然に提供してくれると思います。

1

視線を合わせることを学ぶ

● なぜ、視線が合いにくいのか

　発達障害、とくに自閉症スペクトラムの子どもは、視線を合わせないことが特徴的に取りあげられます。実際、診療していると視線が合わないというよりは、常に「焦点が定まっていない」ように見えます。

　生まれたばかりの赤ちゃんの視力は、0.01 程度で明暗がわかるくらいしかありませんが、それでも、視線が合わないという神経生理学的な発達段階はないようです。

　生まれたての赤ちゃんでも、お母さんが微笑みかけると、なんとなくお母さんの顔を見ているように感じます。お腹の中にいた時のなつかしい声の方向を、五感を総動員して探ろうとしているように思えます。

　追視がはっきりするのは、視力が 0.1 前後になる 3 カ月くらいの赤ちゃんです。この頃になっても視線が合わなければ、「なんとなく、視線が合いにくいな」ということが感じられてきます。

なぜ、視線が合いにくいのか、実はその理由は決して明確には
なっていません。

　人の目は、白目ができたことで飛躍的に目からの情報量が増えた
と言われますが、自閉症スペクトラムの子どもたちは、「目からの情
報量が多すぎて処理ができないから」とか、逆に「情報としてとら
えられないから」などと言われています。

　生まれたての赤ちゃんは、視力が極めて弱いために、あいまいな
目からの情報より、聴覚や触覚、前庭覚などのよりあきらかな感覚
に情報や安心感を求めます。

　視線が合いにくい子どもたちは、視力が発達したあとも、「視力よ
り他の感覚が優位に継続している」と考えることもできるかもしれ
ません。それが、結果的に視線が合いにくいという行動を起こさせ
ているとみることもできます。

　やはり目を合わせることが、情報として、あるいは必要なものと
して、感じにくいのかなと思います。そうだとすれば、視線を合わ
せないということも、これから変化していくひとつの発達段階と考
えることができます。

Ⓐ　子どもの視野に入る

● 子どもの視野に入ることで、まず存在を意識してもらいます。そのためには、まず自分と同じようなことをしている人がいることで、「安全な人らしい」と思ってもらいます。

1 子どもが見ているものに **さわって** 視野に入る

○ カーテンを見ていれば、カーテンをさわる

○ おもちゃで遊んでいたら、子どもと同じようにさわる

　（叩いていれば同じように叩く。回していたら回す）

○ 行動を擬態語（ヒラヒラ、トントンなど）を使ってわかりやすく表現する

ほら、ヒラヒラするよ

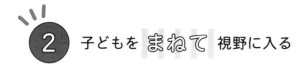

2　子どもを まねて 視野に入る

○ 車で遊んでいたら、別の車のタイヤを回す

○ 絵本を見ていたら、別の絵本でページめくりをまねる

おーぞうさん出たー

ワンポイントアドバイス！

　子どもがなかなか気づいてくれない時は、大げさに面白がったり、長めにまねをしながら、急に「やーめた」とやめてみたりすることで、気づいてくれるきっかけを意図的につくります。

3 子どもの見ているものを **動かして** 視野に入る

- -

：子どもの見ている対象物を自分の目に近づける。

> ○ 子どもが、ミニカーのタイヤを見ていたら、すこしずつ動かして、タイヤを目の横に持ってきてタイヤと目が子どもから見て直線上に並ぶようにします。タイヤを見ることで、お母さんの顔が視野に入ります。そのあとで、車をすこしずらしてお母さんの笑顔を見せます。

ショートペアトレ

同じことを
楽しんでいる人になる

　動かないものより、光の反射のように絶えず変化するものは刺激があります。子どもは、そんな刺激を求めることもありますが、むしろその感覚の中で、安心している状態だと思います。決して、子どもが自分から不快な刺激を求めることはありません。

　それならば、とにかくその子どもの世界にいっしょに入ることです。やめさせるのではなく、いっしょに走り回り、ブラインドをさわり、トイレの水を眺めます。
　大人が同じことをすると、子どもはやめて他のことをはじめることもよくありますが、かまわずつづけていると、だいたい戻ってきます。戻ってきたら、「楽しいね」とことばにしてください。

　療育の目標をいろいろ立ててみても、子どもは大人の思い通りには絶対に動いてはくれません。
　まず、「自分と同じことをする人」、「同じことをして楽しんでいる人」という感覚を持ってもらうことから、スタートです。

B アイコンタクトを促す

● アイコンタクトをすると、何かしらよいことがある、楽しいことがあると感じてもらうことで、アイコンタクトを促し、定着させていきます。

1 シャボン玉で **要求的** アイコンタクトを促す

1 シャボン玉を何度か飛ばして、子どもの興味をひきます。

② そのあと、吹くまねだけをして、わざとシャボン玉を
つくらないでおきます。子どもから要求的なアイコンタク
トがあったら、シャボン玉を飛ばします。くり返すことで、
アイコンタクトを促していきます。

ワンポイントアドバイス！

　アイコンタクトがあれば、「おめめ見たねー」「〇〇する
よ」と、ことばをかけます。

　この時、人さし指で自分の目を指し示しながら、笑顔で
ことばにしましょう。大人の表情や声のトーンは、子ども
がうれしさをわかりやすく共有することにつながります。

　シャボン玉以外にも、水笛やピロピロ吹き戻しなど、い
ろいろな方法を試してみましょう。

2 『もう1回』のアイコンタクトを促す

1 好きな曲やCM曲を流しながら、手拍子をします。終了したら、子どもの目の前に人さし指を立て、「もう1回?」と示します。

2 立てた人さし指を、子どもがつかむのではなく、アイコンタクトが見られたら、すぐに要求に応じ、好きな曲やCM曲を流します。

もう1回?

ごほうび作戦

　時には、好きなお菓子を目の前で見せて、アイコンタクトを促します。

　ただし、お菓子を全部食べないと気がすまない場合が多いので、数を決めておいて、1個ずつ箱から出します。

　お菓子を箱に入れておく理由は、空っぽの箱の中を見せて、「もうなくなったよ」と、わかりやすく伝えるためです。

　目を合わせてくれたら、「お顔見たねー、お菓子どうぞ」と満面の笑顔と、とっておきの声で伝え1個あげます。子どもは、お菓子が出てくれば、また見たくなります。

　うまくいったと思っても、次の日にはなかなか思うように進まないことも多いと思います。

　そんな時は、またいろいろな作戦を考えて、子どもの反応を楽しんでほしいと思います。私も、外来でお母さんといっしょに作戦を考えながら報告してもらっています。

　「うーん。これもだめでしたか。なかなか手ごわいですね」が、ほとんどです。でも、それでいいのです。「先生でもだめなんだ」と思ってもらえれば、お母さんもすこし気が楽になります。

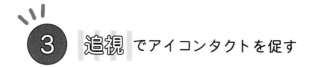

③ 追視 でアイコンタクトを促す

---

1 指を蚊のように見立て、支援者自身を指します。そして、「ツンツンするよ」と言いながら、自分のほっぺたやおでこをツンツンします。くり返しやり、子どもの注視が見られたら、次は、体のいろいろな部位をタッチします。

2 子どもの反応を見ながら、嫌がる様子がなければ、子どもの顔や体にツンツンします。

③ 何度もくり返して子どもの注視が出てきたら、指を動かしながら追視を促し、支援者の目の横をツンツンして、目を合わせます（指人形などを使って遊びを発展させてもよいです）。

④ 目を合わせたら、子どもに同じ動作をまねすることを促してみます。

ワンポイントアドバイス！

　支援者のほうから、目を子どもの顔いっぱいに近づけて、「お顔見たね、〇〇ちゃん！」と言ったり、さわられることが苦手でなければ、「お顔見たねー」と言いながらハグしたり、こちょこちょしたり、高い高いをしてください。名前を呼ばれることへの反応や、体を触れ合うことへの反応を引き出してくれるかもしれません。

④ 感覚入力 でアイコンタクトを促す

：視線が合った時に、子どもの好きな感覚を入力する。

○ 子どもの好きな感覚を見つけ、アイコンタクトを促し、視線が合ったらその感覚を入力します。好きな感覚は、子どもが興味を示すもの（くすぐり遊びや音楽、ブランコなど）を見つけます。さらに、子どもの好きな感覚に合った遊びの歌を用いると効果的です。

触覚 への刺激

：皮膚で感じる感覚。手が一番敏感です。触れ合うことの
　安心感があります。

・子どもの手のひらをくすぐる

・手を持って腕全体をブルブル揺らす

・手や腕を手のひらでしっかりにぎる

聴覚 への刺激

：音の大きさや、高さ、音色に対する感覚。リズムもポイント
　になることがあり、安心感もあります。

・ボタンを押すと歌が流れる童謡絵本で音楽を鳴らす

・支援者が太鼓や木琴を鳴らす

前庭覚 への刺激

：重力や回転を感じる感覚。適度な前庭感覚は、情緒の安定に
　関係すると言われています。

・トランポリンで向かい合わせになり目が合ったら揺らす

・毛布ブランコを用いて揺らす

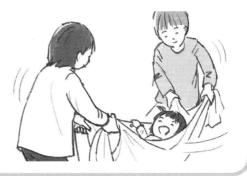

早期療育＋ペアトレ

観察＆注目名人になる

　視線を合わせることを学ぶためのポイントは観察からはじまります。子どもの行動をよく観察して、何に興味を持っているのか、どんな音が好きなのか、どんな刺激が好きなのかを見つけます。

　日頃の子育ての中で、お母さん方が何気なくしている3つのかかわりがあります。

　1つ目は、子どもがした動作をそのまままねる。赤ちゃんが積み木で床をトントンと叩いたら、同じように積み木で、赤ちゃんを見ながらトントンする、ミラリングというものです。

　2つ目は、子どもの出した声を、そのまままねて子どもに返すモニタリングというかかわりです。赤ちゃんが「マンマン」と言ったら、そのまま「マンマン」とまねて返します。

　3つ目は、子どもの気持ちや状態をお母さんが代わりにことばにすることです。子どもが散歩の時に犬を見ていたら、「かわいいね」、「わんわんだね」と言います。これを、パラレルトークと言います。

　いずれも、おそらく何も意識しないまましているかかわりですが、とても大切なかかわりです。

〈自分と同じことをしている〉

〈自分と同じことを言っている〉

〈自分が見ているものをいっしょに見ている〉

　赤ちゃんはその感覚に、安心とともにその人の存在を受け入れます。どのかかわりも、まなざしはおたがいに向くと思います。視線が合うことと、安心感がマッチングすることは、かならずその行動を定着させ増やしてくれるでしょう。

　発達障害ではこれらのかかわりが成立しにくいことも確かです。それでも、人とのかかわりを拒否しているわけでは決してありません。これらのコミュニケーションの元になるかかわりをくり返していくことが、視線の先にあるお母さんを安心できる存在として受け入れる基礎であることは変わりありません。

　もちろん、視線が合うと感じることが絶対ではありません。合わないように見えても、子どもは絶対に見ています。

　合わせようと無理する必要はありません。はやく合わせるようにしなければいけないと焦る必要もありません。早期療育にあげたような方法を遊びの中に取り入れながら、目が合ったら「お顔見たねー」、「楽しいね」とパラレルトークを使って、うれしさを共有してください。

　視線を合わせる時間が、1秒くらいからすこしずつ伸びているかなと感じられてきます。

2

指さしで要求することを学ぶ

● 指さしの5つの発達段階

　指さしは、子どものコミュニケーション能力の発達を考えるうえでとても重要な意味を持っています。指さしと言っても、いろいろな意味があり、大きく分けて5つの発達段階があります。

1　指向の指さし（8〜10カ月）
● 指さしたほうを見る

・「わんわんいるよ」と言って指さしたほうを見る

② 自発の指さし（10 カ月）
● 子どもが見つけたものを指さす

・何か見つけたものを、「あっあっ」と言いながら指さす

・指さしたものを「〇〇だね」と教える

③ 要求の指さし（12 カ月）
● 自分のほしいものを指さしで知らせる

・食べものやおもちゃなど、自分のほしいものをしきりに指さす

・「〇〇ほしいの」と言って渡す

4 叙述の指さし（12 ～ 18 カ月）
● 見つけたものを伝えたくて指さして相手を見る

・何か見つけた時に伝えたくて、指さして「あっあっ」と言いなが
ら振り返えって相手を見る、「〇〇だね」「そうだね、〇〇だね」と
ことばにして返す

5 応答の指さし（18 カ月）
● 「〇〇はどれ？」の質問に応じて指さしで答える

・「わんわんはどれかな」に応じて指さしで教える、「あたり！わん
わん」とことばにしてほめる

● 指さしから２項関係が芽生える

　このように、指さしの発達段階を見ていくと、コミュニケーションやことばの発達段階によく相応していることがわかります。

　❶指向や、❷自発の指さしは、「２項関係の芽生え」、❸要求の指さしは、「２項関係の通過」です。❹叙述の指さしは、「３項関係の芽生え」で、❺応答の指さしは、「３項関係の成立」になります。

　コミュニケーションは、ことばだけではありません。発達障害では、他者との相互関係における、ことばを介さないコミュニケーションにも困難さがあります。そのために、２項関係を芽生えさせるための指さしを学ぶことは、とても大切なステップです。２項関係が成立しないまま、３項関係が芽生えることはありません。

　そして、３項関係の成立は、言語の獲得において大切な役割を持ちます。実際の療育の場面では、支援者は、まず子どもと２項関係を育て、それ以降の段階の指さしの獲得を目指すことになります。

２項関係　　　　　　　　　３項関係

Ⓐ 指さしを促す

● 指さしは、ことばの発達の前にとても重要なコミュニケーションの手段ですが、まわりを見て、自然に身につけることがむずかしい場合があります。「教えられて学ぶ」、早期療育の方法を示します。

① 身体プロンプト*を使って 指さし を促す

○ 子どもの好きなおもちゃを視野内に置き、子どもの手を取り、好きなおもちゃを指さしをさせたあとに、そのおもちゃを子どもに渡します。

ワンポイントアドバイス！

　子どもたちは、何かを指さしたり視線を合わせたりする以前に、目に入るものすべて、耳に聞こえるものすべて、体に触れるものすべてが、情報の洪水のように押し寄せているのかもしれません。

　療育の場面では、まわりのおもちゃやかざりつけ、写真などの刺激をできるかぎり少なくし、目の前のことに集中できるようにします。

　*プロンプト：子どもから適応行動を引き出すために、指示とともに用いる補助的な刺激のことを言います。ここで「好きなおもちゃはどこかな」と言いながら、子どもの手を持って指さしをさせてから渡すので、身体プロンプトと言います。

　他にも、ジェスチャーや、イラスト、写真を見せることもプロンプトになり視覚的プロンプトと言います。モデルを示すモデリングプロンプト、位置をマークや「○○ちゃんのとなり」のように教える位置プロンプトもあります。

② 好きな遊びを通して 要求行動 を促す

：人さし指を立て、指さしの形がつくれるか確認する。

（指さしがむずかしければ手さしでもよい）

 ア 好きなものと、そうでないものを選ぶ ///////

> ① 好きなもの（パクパクアンパンマン[*]、ボール、ミニカー、
> お菓子の袋、鈴、いないいないばあ絵本、シャボン玉など）
> と、あきらかにそうでないものを子どもに見せて、選択を
> 促します。

ワンポイントアドバイス！

　「どっちにする？」の「どっち」の意味がまだわからない
子どももいます。その時は、「ボール？　ねんど？」と見せ
ながら聞きます。

72

② 好きなものや、ほしいものに視線を向けたり、手を伸ばしたら、「〇〇」と好きなものの名前だけを言いながら、支援者が指さしてから渡します。

‖/

ワンポイントアドバイス！

　子どもは、自分で決めることはまだ苦手でも、選ぶことは得意です。選択するという行動を通して、子どもが「自分で決めた」という気持ちを持てることは、とても大切です。選べたら、「選んだね」と、その行動をことばにしてください。

＊パクパクアンパンマン（手づくり）
ペーパー皿に描かれたアンパンマンの顔に、食べものを食べさせる遊び（歌つき）。多くの子どもが好み、食べものの名前を覚えたり、言われたものを手渡すなどのやり取りも楽しめます。

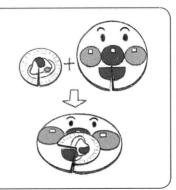

好きな活動を写真から選ぶ ////////////////

① 好きな活動（くるくるチャイム、パクパクアンパンマン、プラレール、ままごと、粘土遊び、シャボン玉など）の写真を、支援者が「〇〇にする？」と指さしながら聞きます。

② 子どもから、視線を向けたり、うなずきや笑顔などの反応が見られたら、その写真を指さしながら、「〇〇だね」ともう一度提示します。

ワンポイントアドバイス！

　子どもの反応する様子が見られたら、「〇〇ほしいね」「教えてくれたね」「選んだね」と笑顔で声をかけてください。いろいろな声かけに対する反応を見ながら、ことばはまだ出なくても、うなずきや、笑顔など、子どもの反応のよいことばを見つけましょう。

指さしに反応があればおもちゃを渡す

１ 好きなおもちゃ（絵本、シャボン玉、ミニカーなど）をすこし離れた所に置き、子どもが近づいてくるのを待ちます。

２ 近づいてきたら支援者が指さしながら、「○○ほしい？」と話しかけ、うなずくなどの何かしらの反応があれば、子どもに渡します。

３ 最終的には、見えるけれど子どもの手の届かない所に置き、手さしや、指さしを引き出します。

B モデルを見せる

● 集団保育のいいところは、まわりにさまざまなモデルがあること
です。おもちゃを指さしている子、泣いている子を指さして先生に
教えている子、高い所を指さしで「とって」と言う子、子どもは自
分と同じような存在をかならず見ています。集団生活が苦手だから
入園しないのではなく、それを学ぶために保育園にいきます。

1 指さしのモデルで 同じ動作 を促す

○ きょうだいやともだちに協力してもらい、指さしたもの
が手に入ることを見せます。そのあとで、身体プロンプト
を用いて同じ動作を促します。

ショートペアトレ

「教えてくれたね」

とにかく、子どもが好きなおもちゃを見つけ、いっしょに遊ぶことで、「ひとりも楽しいけどふたりもけっこう楽しい」ということを感じてもらいます。

その中で、相手の気持ちを感じたり、相手に思いを伝えたいという気持ちが育っていきます。

「指さしで伝えることを学ぶ」ことは、次につづく、ことばでのコミュニケーションの基礎となります。

指さしの前の段階として、クレーン現象（自分で取れるものでも相手の手を持って取らせる動作）や、手さしがありますが、その時は、「○○だね」と指さしてから渡します。

その時、「教えてくれたね」と言い添えることも忘れないようにしながら、大事なことは「伝えたい気持ち」です。

行動をことばにする前に、子どもが伝えようとしたことをことばにしてあげることが、その気持ちを育ててくれます。うまくできた行動ももちろんですが、「伝えようとしてくれた行動」にも注目したいと思います。

② 指さしの意味の 理解 を促す

：指さした方向に「興味のあるものがある」という因果関係の理解
を促します。

 好きなものを指さしながら渡す

> ○ 子どもの好きなおもちゃを、子どもの視野の中に置き、
> 注目していることを確認し、「○○がほしいの？」と指さ
> しながら子どもに渡します。

1 視野に置いて

2 注目したら

欲しいの？

3 指さして

指先にあるものに注目させる

1 支援者が、シャボン玉を指さして割って見せます。

2 シャボン玉と支援者の指をじっくり見る機会を増やし、支援者の指先には、「楽しいものがある」と子どもに思わせます。

1 指さしで割ると

2 楽しいものがあるよ

ワンポイントアドバイス！

　シャボン玉は、早期療育における最強のアイテムです。前の章でも出てきますが、アイコンタクトを促すことにも使います。子どもたちは、きらきらと絶え間なく変化するものにとても興味をひかれます。

環境＆注目名人になる

　指さしを学ぶ最初のポイントは、その子が好きなおもちゃや、遊びを見つけることからはじまります。

　その好きなおもちゃや、遊びを指さしで選ばせることで、「指さす」という行動を学びます。子どもは、決めることは意外にむずかしいものですが、好きなものを選ぶことは得意です。実物や写真を見せて選ばせます。

　それでも選ぶことがむずかしかったり、好きなものが見つからない時は、絵本や図鑑も使うことができます。あるいは、食事の時間に食べものを指さすことからはじめるのも有効です。

　この時期は、絵本でも図鑑でも見るというより、めくるだけということがほとんどですが、乗りものでも食べものでも１ページに１つの絵が描いてある絵本や、その子が好きなキャラクター図鑑を使います。説明の文字が書いてあっても問題ありません。

　指さしの発達段階と同じように、まず＜指向の指さし＞で、お母さんや保育士さんが、子どもの気持ちになって、「あ、トーマス」、「あ、カレーパンマン」と指さして遊んでください。子どもはその様子をかならず見ています。

　子どもが興味を示してきたら、さりげなく子どものほうに図鑑を

近づけます。いっしょに指さしたり、子どもが図鑑に触れて指さしたら、すかさず、「そう、トーマスだね」とことばにしたり、拍手したりします。

　拍手は、動作と音と支援者の笑顔がセットになっているので、子どもが大好きで、模倣しやすい動作です。うれしいと自分から拍手することを覚えれば、自分の気持ちを伝える方法にもなります。

　食事は、まだまったく指さしが出ていない段階で指さすものの代表かもしれません。1日3回、日常的にあり、好き嫌いがはっきりしているので、自然に身につきやすいかもしれません。

　食卓に並べた器で、「ごはん？おつゆ？」と指さしながら選ばせたり、後ろから子どもの手を持って誘導したり、きょうだいに協力してもらってモデルを見せるのもよい方法です。

　ただ、食事の場面では指さしても、その他のものにはすぐにはひろがらないので、焦らずにつづけてください。

　絵本でも図鑑でも、食べものでも、好きなおもちゃや遊びでも子どもから＜自発の指さし＞が出てきたら、2項関係から3項関係が芽生えてきていますので、そこから子どもの行動は劇的に変化していきます。

　このように指さしをしやすい環境をつくりながら、指さしたら、「選べたね」、「そうだね、アンパンマンだね」、「教えてくれたね」と、その行動をことばにして伝えましょう。

3

名前で振り向くことを学ぶ

● なぜ、名前を呼んでも振り向いてくれないの？

　名前、あるいは呼称が、「自分を指している」ということを理解するのは、言語発達的には１歳前後と言われています。

　しかし、その理解と、さらに自分の名前と他の音を区別して、名前を呼ばれた時にだけ、その音源方向を定位して振り向くには、情報処理のためのいくつかの作業が必要です。

　現在、聴力検査は生後すぐに測定することになっていますので、先天的な聴力障害を見落とすことはほとんどありません。

　「名前を呼ばれても振り向かないという行動」が、発達障害の診断に取りあげられますが、実はこれは、「行動」ではありません。

　〈死人テスト〉にあてはめると、名前を呼ばれても振り向かないというのは死人にもできますから、「行動」ではありません。ですから、ここでの「行動」は、「名前を呼ばれても振り向かずに何をしているか」が、子どもの「行動」になります。

では、発達障害の子どもが名前を呼んでも振り向かない時に何をしているのでしょうか。

　ほとんどの場合は、何かに夢中になっているはずです。あるいは、何もせず天井を見上げている、あるいは部屋の中を走り回っているかもしれません。まわりからは、何もしていないように見えても、子どもにとっては情報処理という「行動」の真っ最中なのです。

　子どもが、音だけではなく、あらゆる感覚から入ってくる情報の「優先順位を決めることが苦手」だと考えてみてください。

　まわりから聞こえるいろいろな音や声を聞く聴覚、目に入る視覚、手足に触れる触覚、それらの優先順位が処理できなければ、あるいは視覚や触覚が、聴覚よりも優位な感覚であれば、呼名にはなかなか反応できません。

　そして、そのさまざまな情報を処理できずに不安を感じれば、とりあえず天井を見たり、走り回ったりして、なんとかその身に降りかかった不安で困難な状況を乗り切るしかありません。

　走ったり、つま先歩きしたりして、運動による感覚入力を無意識に強くすることで、それ以外の情報を入りにくくしているのかもしれません。

　あるいは、天井を見ることで、すべての情報入力を遮断しているのかもしれません。いずれにしても、子どもが自ら不快な状況を選ぶことはありません。

　名前を呼ばれたら振り向くという行動の優先順位は、大人が思っているより、けっこう低いのかもしれません。

A 子どもの視界に入って声をかける

● 子どもの名前を呼ぶ時は、先に注意を引いてから呼びます。

1 どの **段階** で反応があるかを探る

1 子どもと向かい合い、
肩や腕をトントンして
振り向いてから、名前
を呼ぶ

2 子どもの視界に入って
から、名前を呼ぶ

❸ 子どもの後ろから、
肩や腕をトントンし
ながら、名前を呼ぶ

---

❹ 子どもの後ろから、
名前を呼ぶ

〇〇くん

◯ 1、2、3、4のいろいろな段階で名前を呼んでみて、
どの段階で反応してくれるかを探ります。この時、1や2
では、視線を避けるかどうかも確認します。

ワンポイントアドバイス！

滲出性中耳炎などになっていることもあります。気にな
る時は、一度耳鼻科を受診してください。聴力に問題がな
ければ、振り向かない時に子どもが何をしているのかを観
察します。反応せずに何をしているのか、反応する時はあ
るのか、どんな時に反応するのかを、見てください。

② 好きなもの を利用して声をかける

：呼名の前に子どもの注意を引き、さらに呼名にともなう情報量を
増やしてみましょう。

○ 好きなおもちゃを、支援者の顔の近くに置いて、名前を
呼びます。

○ 名前を呼び、好きな遊びのカードを選ぶように促します。

○「〇〇ちゃん、いくよー」と声をかけて、振り向いたら
シャボン玉をふくらませて見せます。

1 声をかけます

2 振り向いたら

／|＼ ワンポイントアドバイス！

　名前を呼ばれて振り向くためには、「それが自分を指して
いる」という理解、さらに、「その情報が自分にとって優先
されるもの」という理解が必要です。振り向いたら、ミル
クがもらえる、先生やお母さんの笑顔や抱っこが待ってい
る、自分の好きなものがある、そうした体験の中で、呼名
で振り向く行動は身についていくと思います。

　反応してほしくてつい何度も呼んでしまうと、「振り向い
ても、何もないでしょ」と振り向かなくなる子どももいる
かもしれません。

B　呼ぶ音・強弱・リズムを変えてみる

● 注意を引き情報量を増やしても、反応が乏しい時は好きな
音やＣＭ曲などを利用することもおすすめです。

① 好きな音 で反応があるかを探る

○ 楽器（木琴、カスタネット、金属音など）や好きな曲
（童謡やＣＭ曲など）で反応があれば、その音を利用して
注意を引きます。振り向いたら、名前を呼びます。

② 子どもが 発している音 をまねる

○ 子どもが、「マ、マ、マ」と言っていれば、そのまま、「マ、マ、マ」。子どもが気がつかなければ、大げさにまねをして、気がつけばそのまま声かけを行い、「○○ちゃん」と呼びます。

ワンポイントアドバイス！

　興味のあるものに振り向くという子どもの反応に対して、振り向いた時に、「はーい、○○ちゃん」と名前を呼ぶという、逆の発想も使えます。振り向くことと、名前を呼ばれることがセットになることで、「楽しいことがある」という体験をつくってみましょう。

● まだ「名前を呼ばれたら振り向く」というスキルが身についていない時は、身体プロンプトを使って、「はーい」の動作を学びます。

1 動作 のモデルを示す

○「○○ちゃん」と呼びながら、子どもの手を「はーい」と言いながら上げます。または、支援者が正面で、「はーい」の動作をして、もうひとりの支援者が、後ろから子どもの手を上げます。嫌がらずにしてくれたら、「はーい、できたね」とほめます。

90

② 人 のモデルを示す

○ まわりの人やきょうだいに協力してもらい、モデルを示します。「○○ちゃん」、「はーい」とモデルを示して、ハイタッチをしたり、子どもの好きなおもちゃを渡します。

╫

ワンポイントアドバイス！

「はーい」の代わりに、タッチでもかまいません。まだバイバイをしなくても、視線を合わせなくても、タッチしてくれることはよくあります。手のひらを直接合わせるという感覚が安心できて、わかりやすいのだと思います。

観察、原因、環境＆注目名人

　「名前を呼ばれたら振り向く」を学ぶには、ペアトレの４つの名人（観察、原因、環境、注目）を総動員することが必要になります。

　「死人テスト」で考えたように、振り向かないというのは行動ではありません。振り向かずに何をしているかが行動です。

　その行動をＡＢＣ分析しながら観察します。振り向かない原因がどこにあるのかを観察します。

　「名前を呼ぶ前にある原因」として考えられるのは、何か他のことに集中して耳に入らないか、あるいはまわりの刺激が多すぎて気持ちを落ち着かせるために、呼名をふくめて情報を一時シャットアウトしているかです。

　そんな時は、子どもの前にいき、注意を引いて情報をわかりやすく伝えます。また、好きな音やおもちゃを利用して、情報量を上げてみます。

　「名前を呼ばれたら振り向く」というスキルがまだ身についていない時は、写真やカード、さらにモデルを使って動作模倣から練習します。

　「呼名に反応しない」という結果に原因があると考える時は、その振り向かない結果として、子どもがどんな状態を得ているかを考え

るとわかりやすくなります。

　「名前を呼ぶ前にしていたことを、つづけている」、「お母さんか保育士さんがそばにきてくれる」。

　つまり、今していることをつづけている状態か、お母さんや保育士さんがそばにきてかまってもらっている状態を得ていることになります。言いかえれば、今していることをやめることが嫌子であるか、誰かがそばにきてくれることが好子になっていると言えます（P38 参照）。

　いずれの場合でも、名前を呼ぶ機会をすこし絞って、振り向いたら何か快いと思えるものがあるという因果関係を学ぶことが基本になります。

　「ジュースがもらえる」、「高い高いしてもらえる」、「お外に散歩にいける」。

　その時に、「○○ちゃん、ジュースのむよ」、「○○ちゃん、高い、高いするよ」、「○○ちゃん、お外にいくよ」と、呼名にともなう行動をことばにして、「振り向く」という行動に、うれしさを共有します。

　ただ、名前を呼ばれたら振り向くというスキルがまだ身についていなくても、振り向くことにこだわらず、「○○ちゃん、ごはんだよ」、「○○ちゃん、おくつはくよ」、「○○ちゃん、お風呂はいるよ」など、日常的な流れの中での指示に反応して行動することを優先してもかまいません。

2 章

人との
かかわりを
育てる

　発達障害における自閉症や注意欠如多動症という表現は、誤解を生みやすいかもしれません。

　ADHD の注意欠如は、不注意ではなく、まわりのいろいろなことに興味をひかれる、多注意だということはよく言われますし、多動は行動力があり、衝動性は積極的とも言えます。

　常にまわりにアンテナをはりめぐらして、思いついたらまず行動する。現代なら、まさにベンチャー起業家向きです。

自閉症も、人とのかかわりを嫌い、拒否しているわけでは決して
ありません。したくてもなぜかうまくできないのです。まわりに合
わせることより、自分の世界を大切にすることで、独創的な発見が
あるかもしれません。

　大人はそれまでの経験や知識で、あるいは損得を計算しながらそ
の社会における適応行動を身につけていきます。

　経験も知識もないために、それがまだできない子どもたちを責め
ることはできません。

　人とかかわらずに生きていくのも、現代のような情報社会ではひ
とつの生き方の選択かもしれません。しかし、ひとりでは生きてい
けないことも事実です。

　ずっと生きづらさを抱えて、大人になって発達障害ですと診断さ
れて自分のせいではなかったと胸をなでおろしたとして、大事なこ
とは、ではこれからどう生きていくかということになるでしょう。

　子どもたちの、その生きづらさを減らし、二次障害を起こさない
ようにしながら、過ごしやすい体験を保証し、適応行動を身につけ
ていくこと、そして、これからどうやって生きていくのかを、まわ
りの大人たちもいっしょに考えなければいけないのかもしれません。

　そのために必要なコミュニケーション能力の基礎づくりを、学び
ましょう。

4

いっしょに遊ぶ楽しさを学ぶ

● ひとり遊びは、発達段階の一過程

　いないいないばあ遊びに代表されるように、楽しさを共有することが、他者への期待感や人への興味や好奇心を育ててくれます。

　「ひとりも楽しいけど、ふたりも楽しいよ」、それを子どもたちが学ぶ方法を考えてみましょう。

　他の子に関心を示さない、ひとり遊びを好む、集団の中ではとても気になります。

　しかし、それは集団の中だからはじめて気になる行動であり、集団という環境の中でしか起きない行動、と言うこともできます。園の先生方から、「集団行動ができない」「ともだちの輪に入れない」時はどうすればいいですか、というお話をよく聞きます。お母さん方からも、「どうすればいいんでしょうか」と相談を受けることもあります。

　でも、集団行動は集団の中でしか学ぶことはできません。お母さんには、「園におまかせしましょう」と、いつも言っています。

子どもの遊びには、段階があります。

1　まわりの人の遊びを見ている段階

2　大人がつくったものを壊して楽しむ、
　　＜援助遊び＞と言われる段階

3　自分でつくったものを壊したり投げたり、
　　工夫する＜ひとり遊び＞の段階

4　他の子と同じ遊びを別々にする、＜並行遊び＞の段階

5　他の子と役割分担して遊ぶ、＜共同遊び＞の段階

　つまり、ひとり遊びというのは、遊びの発達段階の一過程であり、ひとり遊びしかしない時は、その子の遊びの発達が、何かの理由でその段階でとどまっていると考えることもできます。

　しかし、ひとり遊びというのは決して単に未熟な段階ではないということも理解しておく必要があります。

　大人が、「今日はひとりで過ごしたい」という気分はめずらしいものではありません。子どもがひとり遊びしている時は、決して不愉快ではなく、その時に一番安心できる行動を選んでいるのかもしれません。

　集団の中で見られるひとり遊びを、「こだわり」とか「問題行動」と決めつけずに、子どもの世界を知るチャンスと考えると、見方も変わってくると思います。

Ⓐ　子どもの遊びにすこしかかわる

● まず何はともあれ、子どもの好きな遊びを見つけることからはじめます。こちらの思い通りにいかないことは覚悟して、子どもの様子を観察しながら見つけていくしかありません。

1　子どもの 動作をまねる

- -

：好きな遊びを見つけて、遊んでいる子どもの動作をまねる。

○ たとえば、ままごとなら、鍋で野菜を煮る、包丁で野菜を切る、人形に食べさせる、着がえさせる、自動販売機にコインを入れてジュースを買う、スプーンでお皿に分けるなどの子どもの動作を、そのまままねます。

ショートペアトレ

こだわりはチャンス！

　私たち大人が「こだわり」と呼んでいるものは、それまでの短い小さな経験の中で、子どもが自分で一番安心できる状態を選んでいるような気がします。

　お母さんや保育士さんから、「こだわりが強くて困ります」とか、「こだわりが多くて気になります」とよく言われます。

　でも、どんなに好きなおもちゃで遊んでいても、「ごはんですよ」と言われて、すぐにやめるのもそれはそれで気になります。

　好きなことをつづけたいという感情自体は、とても自然なものです。大人なら許されることが、なぜ子どもでは「こだわり」と言われてしまうのでしょうか。

　しかし、実際は子どもの好きな遊びを見つけることが、むずかしいことも少なくありません。何にも、まったく興味を示してくれないこともありますし、関心を示したように見えても次の瞬間には他に興味が移ってしまうこともめずらしくありません。

　「こだわり」があることは、むしろ子どもの世界を知り、その世界に入れるチャンスだと思います。

2 子どもの遊びにすこし 介入 する

━━━

：子どもと同じ遊びをしながら、遊びの一部をお手伝いしながらさりげなく介入する。

○ ボールを穴に入れて楽しんでいる時にボールを渡す。

○ お絵かきしていたら、紙をおさえてあげたり、ほしいクレヨンを渡す。

○ ままごとで野菜を切る子どもに、野菜を渡す。

ワンポイントアドバイス！

　介入することで、おもちゃの手渡しはだいじょうぶか、触れると嫌がるかなど、支援者の介入の程度についての境目を探ることもできます。介入を嫌がる、あるいは、介入するとその遊びをやめてしまう時は、並行遊びをつづけながら、介入のタイミングを探ります。

　遊びの段階で見たように、ひとり遊びの次は並行遊びと呼ばれる段階になります。

　その並行遊びから、すこしずつ子どもの遊びに介入することで、ひとり遊びの世界からちょっとだけ抜け出す楽しさを、いっしょに味わいましょう。

B　子どもの興味を人でひく

● 子どもと並行遊びをしながら、ここにもうひとりいるよというこ
とを意識させます。保育園なら他の子を意識させてもかまいません。

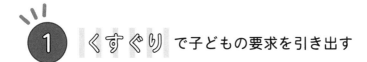

① くすぐり で子どもの要求を引き出す

: ほしいものがすぐに手に入らないように、くすぐりで要求を引き
出します。

> ○ ほしいものがすぐに手に入らないように、手を伸ばして
> きたら、渡さずにくすぐりでアイコンタクトや指さしを引
> き出します。あまりじらし過ぎないで、快反応（子どもが
> 喜んでいる）のうちに渡します。

2 他の子 の遊びに注目させる

: 子どもに、他の子が遊んでいる様子に注目させて、その中で子どもが注目したり、興味を示した遊びを選び、その子がいなくなったら、同じ遊びをしてみます。

○ たとえば、トランポリンを跳んでいる他の子の様子をいっしょに見てみて、子どもが注目していたら、その子がトランポリンから降りたあとに、トランポリンに乗ります（子ども同士が嫌がらなければ、いっしょに同じ遊びをしても効果があります）。

1 他の子の遊びに注目

2 他の子が降りた
あとに乗ります

③ 邪魔 をして他者を意識させる

: 遊びに介入して、嫌がらなければ、ちょっとだけ邪魔をして他者を意識させる。あるいは、ちょっとだけ手助けをしてうまくいくことで他者の存在を意識させます。

○ 子どもの遊んでいるものを隠して、不安になる前にさっと出します。

○ ボールを渡すのをわざとすこし遅らせて、子どもから要求行動が出たら、「ボールだね」と言って渡します。

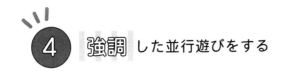

④ 強調 した並行遊びをする

: 子どもがしている遊びとすこしちがう遊びをして、興味を持たせます。

○ 子どもが興味を示したものを、支援者が先にして、「ボクが好きなことをしている人」と思わせます。たとえば、子どもにプラレールを見せ、興味を示し、さわってひとり遊びをはじめたら、横で線路をつくり電車を走らせて楽しんで見せます。

ワンポイントアドバイス！

　プラレールやミニカーで遊んでいる時、わざと反対側から走らせて「ガチャーン」と衝突させます。そのあと、子どものほうから支援者の電車やミニカーに衝突させる遊びをくり返し楽しむことができれば、支援者への意識が向上します。

C 遊びを人からはじめる

● 遊びを提供する元は、「人」だということの気づきを促します。ひとりではできない遊びが効果的です。子どもたちは、回転や重力を感じる遊びが大好きですから、いろいろ試してみてください。

① が介入する遊びをする

○ 毛布ブランコで、アイコンタクトがあれば、揺らしの強弱、リズムを変えます。揺らしを変えて、アイコンタクトや笑顔が出たら、いったん下ろして要求のアイコンタクトを待って、アイコンタクトがあったら、また揺らし、これをくり返します。

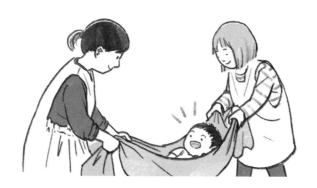

◯ 一本橋こちょこちょなどの触覚遊びで、子どもの反応を確認しながら、こちょこちょの強さや歌の強弱を変えます。

◯ シャボン玉が消えてなくなったあと、アイコンタクトがあれば、シャボン玉を吹きます。なくても、「もう1回するよ」と子どもの目の前でくり返しシャボン玉を吹きます。

◯ おんぶが好きな子であれば、おんぶ走りで揺れを楽しみます。途中で一回止め、「もう1回する?」と聞きながら、ふたたび走ることをくり返します。

ワンポイントアドバイス!

　子どもが支援者と遊べたら、「いっしょに遊ぶと楽しいね」「いっしょだね」「またいっしょにしようね」と、「いっしょ」ということばを意識して、子どもに声をかけてください。これが、ここでのペアトレのキーワードになります。

環境＆注目名人になる

　ひとり遊びがわるいわけではありません。ひとり遊びには、ひとり遊びなりの意味がもちろんあります。

　自分のペースで遊びたい、いつも使っているものを確保しておきたい、他の子への関心がまだ育っていない、いずれの理由であれ、ひとり遊びをする時は自分の過ごしやすい状況を選んでいます。

　その子の中に、過ごしやすいか過ごしにくいかの判断はあっても、＜よい＞＜わるい＞という判断はどこにもありません。発達障害であろうとなかろうと、子どもたちの行動を、大人の基準で＜よい＞＜わるい＞と考えて、わるいものだから禁止するという方法は絶対にうまくいきません。

　それは、子どもから過ごしやすい環境をうばうことにしかなりません。過ごしやすく安心できる所やもの、行動を禁止されれば、子どもでなくても不安になり、ひどければパニックを起こすことになるでしょう。

　必要なことは、禁止や叱責ではありません。その場に合った適応行動ができる環境をどう子どもたちに提供するかということです。それは、子どもたちが考え出すものではありません。確実に大人の仕事であり、大人からのかかわりです。

　子どもたちは、まだとても短い経験から得た選択肢の中から、か

ならず一番安心できる行動を選んでいます。

　それでも遊びを通して、「ひとりも楽しいけど、ふたりも楽しい」ということを学ぶことは、子どもたちの体験の幅を確実にひろげてくれます。

　まわりとの軋轢から生まれる生きづらさが減り、さらに過ごしやすくなります。子どもが過ごしやすいということは、取りも直さず大人も過ごしやすくなるということです。

　「ひとりも楽しいけど、ふたりも楽しい」ということを学ぶためには、まず遊びを通して、「ひとりじゃないよ、もうひとりいるよ」ということを、意識させなければなりません。

　そのための方法のひとつとして、子どもがしていることを遊びに変えるという方法があります。

　子どもたちは、用意された遊びにはなかなか乗ってくれません。ブロックを投げたり、紙を破いたり、ドアを開けたり閉めたり予測できないことをします。そんな時は、やめさせるのではなく遊びに変えていっしょに楽しんでしまいます。

　ブロックをかごを狙って投げる、破った紙を丸めて的にあてる、ドアを開けたらこちょこちょする。

　大人から子どもの世界に入ることで、「ボクが好きなことをしてくれる人」という感覚が生まれます。そこから、人への共感性が生まれます。もうその時には、子どもは自分の世界から一歩踏み出しているでしょう。

5

気持ちを伝えたいを学ぶ

● なぜ、ことばで気持ちを伝えないの?

　コミュニケーションの方法は、もちろんことばだけではありません。ジェスチャーであったり、表情や行動で訴えたりします。

　では、人はなぜことばを話すようになったのでしょうか。

　鳥や、犬や、イルカがさまざまな声を発することは誰もが知っています。求愛行動であったり、仲間に危険を知らせたり、えさのある所を教えたり、目的によって鳴き方がちがいます。

　それは、集団でのコミュニケーション手段になりますが、元をたどれば、個別、あるいは集団で生き伸びるために発達してきたものではないでしょうか。

　お腹がすいた赤ちゃんは、まずは、のども張り裂けんばかりに泣きます。次に、ミルクを指さして「あっあっ」と声を出します。そして次には、「ミー、ミー」とことばにして要求します。

　この行動の変化は、指さし、発声ともに、すでに遺伝子的に赤ちゃんの中に組み込まれていると思います。

ただ、その遺伝子のスイッチを入れるためには、大人からの声か
けが必要なのでしょう。

　「お腹すいたのかな」、「ミルクかな」、「ほら、ミルクだよ」と赤
ちゃんが声に出せたら言いたいであろうことばを、代弁しながら声
かけすることがなければ、「ミーミー」という要求のことばは自然
には出ないと思います。

　それと同じように、好きな遊びを通してまず気持ちを伝えたいと
思うことがコミュニケーションのはじまりです。

　そして、「その気持ちを伝える方法があるよ」ということを学びま
す。その行動や動作をことばにしながら、すこしずつことばに置き
かえていきます。

Ⓐ　とにかく好きなおもちゃを見つける

● やはり、子どもが好きなものを見つけることからはじまります。おもちゃのような遊びでも、トランポリンのような運動でも、どちらでもかまいません。

① 聴覚刺激 のあるものから

：見て楽しめ音でも楽しめるものを選びます（リズミカルで小刻みな音が気づきやすいです）。

> ○ さわると音が出るおもちゃ、動かすと音がするおもちゃ、音楽が流れるおもちゃなど。さわっている間だけ音が出るおもちゃは、行動と結果の関係がわかりやすいのでおすすめです。

ワンポイントアドバイス！

　子どもからの自発性が見られない時は、支援者が子ども
の好きそうなものを 2 〜 3 つ提示して選ばせ、次の時に、
反応のよかったおもちゃを置いておき、また子どもに選ば
せます。

ワンポイントアドバイス！

　子どもの好きなおもちゃを見つける時、「ミニカー？、積
み木？」と両手に持って差し出します。

　「どっち？こっち？」とか「どっちにする？」というのは、
子どもにとってはとてもわかりにくいのです。はじめは、そ
れぞれ実物を示しながら名称だけを言うようにします。

② クレーンを使って

○ クレーン現象が出た時は、子どもの手の甲をパッキング（包む）して、ほしいおもちゃのほうに支援者の手の動きで主導していきます。この時、子どもの手をぶるぶる小刻みに動かして、支援者へのアイコンタクトを促します。発声などの、他の要求の手段が出た時にも「〇〇だね」と声をかけながら同様に応じるようにします。

おもちゃ取りに行こうね

＊クレーン現象：クレーン現象は、リモコンなど自分で取れるものを親の手を持って取らせる。あるいは、ジュースがほしい時冷蔵庫の前まで親の手を持って引っ張っていくという動作をさします。自閉症を疑うひとつのサインとして有名ですが、ことばが出る前の子どもに見られる現象ですので、むしろ気持ちを伝えたいという芽生えと考えられます。

③ 気づかれないように 介助 して

: 子どもに気づかれないように介助して、「できた」の体験を積ませ
て、遊びを好きになってもらいます。

> ○ 型はめなどでは、本体のほうを微調整して動かし、あた
> かも子どもの力だけではまったかのように見せます。もち
> ろん、「やったね！」と拍手をして、声をかけます。

> ○ ボールをにぎらない子に、支援者の手のひらに乗った
> ボールを見せ、子どもがボールに軽くさわったら、支援者
> がボールを入れる動きをして、子どもが自分で入れたよう
> にします。

＼｜／ ワンポイントアドバイス！

　絵本めくりなどで介助する時、手先より、肘のあたりを
持って介助すると子どもが嫌がらずに気づかれにくいです。

B 好きなものを選ばせる

● 好きなものを選ぶということは、子どもにとってはとても自然な行為です。何をするか、どうするかは決められなくても選ぶことはむしろ大人より得意かもしれません。

1 選んだら ほめる

○ 子どもが好きなものと、まったくそうでないものを、子どもの前に提示し選ばせます。そして、選べたらほめます。ことばが出ない時は、指さしで。指さしもむずかしい時は、視線で選んでいるものを渡します。徐々に選択肢を3つ、4つと増やしていきます。

2 ことばの持つ 操作性 を学ぶ

○ 子どもの好きな遊びを用意して、「する?」の問いに「する」（オーム返しでも可）と言えば、遊びを提供します。「しない?」の問いに「しない」と言えば、遊びを提供しません。このやり取りの中で、ことばの持つ操作性を、子どもに学んでもらいます。

ワンポイントアドバイス！

　「する?」、「しない?」と聞き、オーム返しでも返答できたら、「する、言えたね！」となるべくおおげさにほめます。支援者が、ことばで出力することのうれしさを、子どもと共有できることが、子どもの伝えたい気持ちを育ててくれます。それがむずかしい時は、モデルを示しながら、音声模倣を促し、言えたらOKです。

● 絵カードや写真でモデルを示すことで、動作模倣や音声模倣を
促します。

① 視覚的 なイメージを示す

○ 会話場面の写真を見せ、写真の状況を説明し、視覚的な
イメージを与えながら、相手からの質問にどのように返す
かを練習します。

2 会話 のモデルを示す

○ 質問役と返答役をつくって、子どもに見せます。支援者が質問役になって、保護者やきょうだいに、子どもが返答することばを代弁してもらいます。この時、子どもはどのように返答するのかがわかりやすいように、返答役の前方に座ってもらいます。

ワンポイントアドバイス！

会話は、はじめは簡単な「おはよう」などのあいさつからはじめます。質問も、「ブロックが好きですか？」「はい」というように、「はい」か「いいえ」で答えられるクローズドクエスチョンからはじめてください。

環境＆注目名人になる

　ジェスチャーであれ、指さしであれ、「自分の気持ちが相手に伝わることがうれしい」を、大人と共有する体験を積み重ねていきます。そのためにはまず、子どもに入力しやすい、子どもが出力しやすい環境が大切です。まわりからの刺激が少ない、あるいは慣れた所で、目の前のものや人だけに関心が向くようにします。

　かまってほしくてお母さんを叩くのも、思い通りにならなくてかんしゃくを起こすのも、子どもにとっては表現の手段であり、＜よい＞＜わるい＞ではありません。まして、発達障害の症状ではありません。

　伝えたいことがあるのにことばで伝えられなければ、なんとかして伝えようとします。それでもうまく伝わらなければ、叩いたり、かんしゃくの程度は、相手の反応が確実に得られるまでエスカレートしていくかもしれません。

　大人にも、感情はあります。体調がわるいこともあれば、仕事でストレスがたまっていることもあります。思わず子どもを怒ってしまうことだってあります。それでいいと思います。怒ってはいけないわけではありません。

　「大人だってうまくできないことがある、まして子どもなら」と思

えばいいと思います。「さっきは怒ってごめんね」、「ブロックうまくできなかったんだね」。

　大人でも、次にうまくできればいいのです。

　起きてしまったかんしゃくも、元には戻りません。やめさせようとすると、ますますひどくなるばかりです。気持ちを表現するなと言われて、落ち着くことは大人でもできません。落ち着くのを待つしかありません。

　すこし離れて様子を見るか、抱っこして「だいじょうぶ、だいじょうぶ」と声をかけるか、すこし間をおいて好きな遊びに誘うか、あとはそうしながらおさまるのを待ちます。

　クールダウンして行動が切り替わったら、その行動だけをことばにしてかけてください。「パズルしてるね」、「抱っこ楽しいね」、「ジャンプ、ジャンプ！」。かんしゃくを起こしているより、このほうが楽しくて過ごしやすいと思ってくれればＯＫです。

　これは、あるお母さんから教わった方法ですが、パンチしてきたら、その手をにぎって「あくしゅー」と笑いながら握手に変えてしまったそうです。

　元々振り向いてかまってほしいのですから、子どもにすれば最高のリアクションです。「ジュース飲む？」、「さあ、何しようかなー」と声をかければ、子どもの気持ちはさらに落ち着きます。さりげなく他の行動や遊びに変えてしまうお手本です。

　次から握手しにきてくれれば、しめたものです。

6

人とのつながりを学ぶ

● 人に興味がないの？

「ひとりもいいけど、ふたりも楽しいよ」。それは、自分とは別の
もうひとりの人に、気持ちが向くことを意味します。

子どもがひとりの世界にいる時は、まわりの世界は処理しきれな
い情報であふれ、見回せば、ありとあらゆるものが同じように関心
を引き寄せようとしているのかもしれません。

それは、さまざまな情報の優先順位がまだ不確かな子どもにとっ
ては、決して過ごしやすい環境ではありません。不安でまわりのも
のをすべてシャットアウトすれば、何にも興味や関心が持てないま
ま時間は過ぎていきます。まわりからのかかわりを得ることもむず
かしい状態がつづいてしまいます。

もし、興味や関心がすこしずつでも自分の目の前の人や遊びに
フォーカスできるようになれば、それは今までの世界とまったくち
がって見えてくるのではないでしょうか。

そして、その人が、「こうしてみよう」、「こうすればうまくいくよ」と教えてくれて、そのやり方を「やってみよう」と思うことができれば、今までの過ごしにくさが波のように引いていくかもしれません。

　さらに、「ひとりより、楽しいかもしれない」と思えれば、さらに人にフォーカスしていきます。その状況が自然にまわりの情報を淘汰していってくれるでしょう。

　子どもがまだ自分でうまくできないことに対して、まわりの大人が教えてくれた方法を受け入れるためには何が必要でしょうか。

　大人でも、たとえ教えられたとしても、はじめてのことやはじめてのやり方は不安だと思います。

　それでも、「この人の言うことならやってもいいかな」と思うためには、「この人といっしょにすると楽しい」「この人の言う通りにすると、前よりうまくできて気持ちがいい」と感じてもらうことが、つながりと言えるかもしれません。

　そのためには、一方的にやり方を押しつける方法は絶対にうまくいきません。

　子どもの気持ちや希望に寄り添いながら、子どもがいる世界をいっしょに楽しむことで、信頼が生まれます。

　その世界で、子どもが安全や安心の欲求を満たされることでいっしょに新しい世界にチャレンジすることができます。

Ⓐ 待つ機会をつくる

● 遊びの中で待つという状態をつくります。待てたら、「待てたね」と声をかけ、楽しい体験を保証して、「待つ」という感覚を学びます。

① 待つと いいこと・楽しいこと がある

○ 子どもの慣れている好きなおもちゃで遊んでいる時に、「お母さんの番だよ」と言って交代します。待てたら「待てたね」とほめます。

◯ 次のおもちゃを持ってくる間、肩を軽くおさえ、「待っ
ててね」と言って待てたら「待てたね」とほめます。

◯ おやつの時などに「手はおひざ」とジェスチャーを添え
て待てたら「待てたね」とほめます（手をおひざにしてい
る写真やカードをいっしょに見せるのも有効です）。

② カウントダウン で待つ

○ お風呂などで 10、9 …1 とカウントダウンして、待つ
経験を増やします（7は「なな」、4は「よん」と数えると、
数の概念を学ぶ時に役立ちます）。

ワンポイントアドバイス！

　もちろん、1から10でもだいじょうぶです。数の概念
がなくても「1、2・・10」とくり返すことで、歌のワン
フレーズのように目安になります。また、指数（指を立て
る）を添えることでわかりやすくなります。普段の生活で
も1から5までは指数を添えると視覚的にも伝わります。

○ 次の課題に移る時に、「ちょっと待ってね、5…1、はい次」と、好きな活動に入ります。むずかしかったら、3カウントにして、できるようになったら、10 カウントに増やしていきます。

ワンポイントアドバイス！

　カウント時に、楽しい動作（机面を打つ、拍手する、タッチするなど）を加えることでより定着しやすくなります。また、タイマーやチャイムが鳴るまで待ち、鳴ったら次の好きな課題に移るのも待つ楽しみになります。

3 椅子に座って 次の指示を待つ

：次の課題に移る時、椅子に座って待つ。

> ○ トランポリンなどでいっぱい遊んだあと、支援者が次の課題を準備するのを待ちます。支援者の声かけで座れたり、座っている写真やカードを見せながら、「椅子に座って」と指示し、座って待てたらほめます。動と静をくり返すことがポイントです。また、椅子に座ったらシャボン玉を吹くのも有効です。

1　座る指示を出す

椅子に座って

2　ほめる

すごいね！

まててるね

ショートペアトレ

待てるのはすごいこと

　「発達障害の疑いがありますね」と言われたり、あるいは発達障害を疑って、多くのお母さんたちが病院を受診しにきます。

　どのお母さんも不安でいっぱいです。まず、お母さんのお話を聞きます。その時、子どもは横で積み木でひとりで遊んでいます。ずっとくり返し遊んでいる子もいれば、時々積み木を見せにくる子もいます。「○○ちゃん、待ってくれてありがとう」。子どもは、意にかいする様子もなく遊んでいます。「お母さん、待てるってすごいことですよ」「ほんとに多動のお子さんなら、もうここにいませんよ」。

　ひとり遊びを、「問題行動」と見てしまえば、不安や心配になります。「ひとりで遊んでその場にいることができる行動」として見る考え方もできます。

　「帰りに、『ひとりで待てたね』と言ってあげてね」とお母さんにお話しすると、お母さんの表情もすこし明るくなります。

　ことばの意味はまだ十分にわからなくても、行動に対してあとから意味をつけてあげることで、「待つ」を学ぶ方法もあります。

B 人に触れる距離感を教える

● 相手への距離感はどこで決まるのでしょうか。視線や声には明確な距離はありません。まず、触れ方や声の大きさから学ぶようにします。

1 やさしく 触れる練習をする

ア 触れる加減を教える

○ 意識せず強く相手に触れてしまう時は、後ろから肘のあたりを持って、触れる加減を教えます。ちょうどいい時には、相手から「ちょうどいいよ」とほめてもらいます。

強く触れられると「痛いよ」を教える

○ 強く触れた時は、「痛かったよ」と悲しそうな顔をして、そのあとで「これなら痛くないよ」と手を誘導し力加減を伝えます。強（つよ）タッチと弱（よわ）タッチを、カードを見せながらシミュレーションします。弱タッチができたらほめます。園でも家庭でも、時々練習しておきます。

 肩を「トントンする」を教える

○ おもちゃがほしい時、子どもに背中を向け、別の大人が身体誘導して、肩をトントンと叩いたら、「はーい」と振り返っておもちゃを渡します。

2 力加減や声のレベルを たとえ で伝える

 ア　力加減を数字にたとえる

○ 数字に興味がある時は、力加減を、10の力、5の力、1の力というように、たとえて練習をします。視覚的な情報もいっしょにあると、わかりやすいです。

1の力　パチン

5の力　パッチーン

10の力　バッチーン

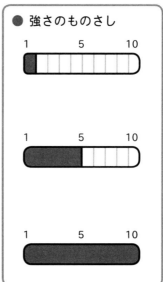

● 強さのものさし

1　5　10

1　5　10

1　5　10

ワンポイントアドバイス！

遊具遊びや外遊びなど、子ども自身の体で感じる感覚も同時に育てていきます。

イ 声の大きさを生きものにたとえる

○ 声は、ライオンの声、うさぎの声、ありさんの声というように、生きものにたとえて練習します。「ありさんの声だよ」と伝えて、小さな声で話せたら、「いいよ、ありさんだね」とほめます。動物にたとえた図をいっしょに見せながら練習するとよく伝わります。

● 声のものさし

③ あいさつ にタッチを取り入れる

○「おはよう」と声をかけて、ハイタッチをする
○「バイバイ」と声をかけて、「ターッチ」とタッチをする

ワンポイントアドバイス！

　おはよう、バイバイの時は、ハイタッチの動作をつけることでわかりやすくなります。おはようがまだ言えなくても、バイバイがまだできなくても、タッチはけっこうできます。触覚は、ことばより物理的に相手の存在をわかりやすく感じさせてくれるからかもしれません。

　子どもが嫌がらなければ、握手やハグなどの、より持続的な刺激も有効です。

ショートペアトレ

写真を活用！

　椅子に座って待てたり、やさしくトントンできたら、「いいよー、写真に撮るから、できるかなー」と言いながら写真を撮り、子どもに見せます。子どもは、写真を撮られるのが好きなので（撮られるのを嫌がる様子が見られたら、無理しないでください）、その行動をつづけたり、くり返したりしてくれます。

　また、自分の姿を客観的に見ることで、行動の理解も深まります。撮った写真をプリントアウトして、「座ってるねー」「やさしいトントンだねー」と、時々いっしょに写真を見ることで、確認作業としても使えます。

　次回、その写真を見せることからはじめるのも、うれしいかもしれません。

　ハーイや、バイバイなどの動作模倣ができた時も、写真を撮り部屋に貼っておけば、自分の行動を視覚的に何度も確認することができます。

　他にも、子どもがブロックでつくった作品を壊さずに残したがる時に、作品を写真に撮って壁に貼ったり、アルバムをつくってあげると、壊して次の制作に取り組めるようになる子もけっこういますので、試してみてください。

Ⓒ 見通しを伝える人になる

● 安心していっしょに活動する。「決めるのは大人だよ」を練習します。写真やカードでスケジュールを示してもらって、次にすることがわかっていると、気持ちが落ち着きます。自分で決めなくても「決めてもらうのもわるくない」と感じてもらえます。

① スケジュール を伝える人になる

○ ホワイトボードに数字の順に貼ったおもちゃの写真を見せながら「これしたら、これするよ」と伝えて、その通りにします。

2 自分と人 の境界を伝える人になる

:「自分のもの」と「人のもの」を意識させます。

> ○ お菓子やお箸を配る時に、「お父さんの分、お母さんの
> 分、○○ちゃんの分」というように、自分のものと人のも
> のを、わかりやすく配ります。園なら、「先生の分、○○
> ちゃんの分」と、はっきり伝えながら配ります。

ワンポイントアドバイス！

　１日のスケジュールを写真やカードで示す時は、全部示しておいて、終わったらひとつずつ外していくほうがよいのか、ひとつずつ出すほうがよいのかを、子どもの様子で決めます。わかりやすいように、数字をふったり、矢印で進む方向を示すと、よりわかりやすくなります。

早期療育＋ペアトレ

環境＆注目名人になる

　人には、それぞれパーソナルエリアと言われる、自分の過ごしやすい相手との距離感があります。遠くて困ることはあまりありませんが、近いのが苦手な人は、距離感の近い人は苦手かもしれません。

　子どもは、まだ体格も小さく、基本的に体を接触させて遊ぶことが大好きですから、パーソナルエリアは大人よりずいぶん狭いと思います。というより、パーソナルエリアが社会的な経験の中で形成されていくものだとすれば、「まだない」と言ったほうが正確かもしれません。

　「まだない」ものに、いきなり適切な距離感を求めることは、子どもたちを困惑させるだけです。時間であれば、「待つこと」、相手に何かを伝えたいのであれば、「触れること」、何かお話ししたいのであれば、「適度な声で話すこと」を学びます。

　待つことを学ぶためには、相手に対する連続性への期待感が元になります。いないいないばあが、それを学ぶ代表的な遊びかもしれません。

　お母さんが、「ばあ」として子どもがきゃっきゃっと笑ってじっとお母さんの顔を見ます。お母さんは、笑うことを期待してまた、「ばあ」をします。期待通りの笑顔が返ってきて、子どもはまたじっとお母さんの顔を見ます。連続性を期待することができることで、待つことができるようになります。

いないいないばあが、どうして世界中の子どもたちにほとんど自然発生的に喜ばれるのかわかりませんが、発達障害の子どもたちは、自然に学ぶことが得意ではありません。でも、教えられて学べるのであれば、それで一向にかまわないと思います。

　ことばが出ないうちは、要求は相手に触れたり、引っ張ったりという行動になります。相手から確実に反応を引き出したいわけですから、大人の感覚でその力加減を学ばせるというのは、なかなかむずかしいと思います。

　経験的には、大人がモデルを示して、＜ドンドン、トントン、コンコン＞など擬態語を使って、日頃からシミュレーションしておくことが大事です。もちろん、できれば「コンコンだね」と行動をことばにしてあげてください。

　声のボリュームも感覚の過敏さや鈍感さがあると、自分でコントロールすることはむずかしいと思います。また、ことばになる前の感情表現の手段であれば、大人の感覚だけで「大きすぎる」と言われても、子どもはどうしていいのかわかりません。代わりの声を、わかりやすく伝えるしかありません。

　「奇声や大声を出さない」というのは、行動ではありませんから、もちろん「ライオンさんはだめ」ではなく、「うさぎさんの声だよ」と、出すべき声のほうを伝えましょう。そして、大声が出てから注意するのではなく、適切な声の大きさで話せているうちに、「うさぎさんだね」、「かわいい」、「じょうずだね」とことばをかけてください。

3 章

変化に
適応する力を
育てる

　発達障害の子どもたちは、あいまいなものより、確実でわかりやすい情報を求める傾向があります。

　子どもたちにとって確かなものとは、常に変わらないものということになります。ことばのように、人によって意味がちがったり、同じことなのにリズムやトーンが異なるようなものは苦手でしょう。自閉症の子で、出ていたことばが消えるように、時にことば自体を拒否しているように見えることさえあります。

お気に入りのぬいぐるみやタオルのように、いつも同じ感覚を感じることで安心します。

　同じ絵本やDVDを何度もくり返して見るのは、お気に入りというだけではなく、次はどうなるかを予測して、「ほら思った通りだ」と正解することがうれしいのだと思います。

　しかし、まわりの環境は常に変化します。とくに保育園のような集団の環境はさらに変化に満ちています。その絶え間ない変化の中で変わらないもので安心を得ようとすれば、パターンやルーチンにこだわり、あるいは自分の世界の中に閉じこもるしかないのかもしれません。

　その世界から抜け出すには、まず十分にその世界に満足することからはじめなければなりません。

　一番でないと落ち着かないようなら、一番にさせましょう。

　スイッチをさわることで安心できるのなら、「スイッチいれてね」とそれをその子の仕事にしてしまいます。

　多少時間がかかるかもしれませんが、「もういいよ」と、子どもがめんどくさがってくれればしめたものです。

　十分に満足することで、その世界からすこし踏み出し、変化を受け入れる素地をつくることができます。

7

いつもとちがっても
だいじょうぶを学ぶ

● パニックはどうして起こるの?

「パニックを起こしたら、どうすればいいですか?」と、よくお母さん方や先生方から聞かれます。そんな時は、こんなふうにいつもお答えしています。「パニックを、起こさないようにしてください」。

起きてしまったものは、元には戻りません。起こしてしまった時は、とにかく落ち着くまで待つしかありません。大事なのは、次です。

同じような状況は、子どもたちに日々起きます。次にパニックを起こさないようにするには、どうすればいいのでしょうか。

パニックというのは、おそらく子どもにとってもとても不快な状態だと思います。今起きている自分の状況に対して、「どうすればいいのかわからない」、「どう情報処理をすればいいのかわからない」という状態です。

ですから、確実にパニックが起きると思われる状況は、避けられ

るなら、避けなければなりません。

　そして、あらためてパニックを起こす前後の状況を観察します。かならず原因があります。大人であろうと、子どもであろうと、理由のない行動はありません。

　次に、同じような状況でパニックを起こさないようにするには、その原因に対してパニックを起こす「代わりにしてほしい行動」へ導くための、環境を整えることがすべてです。ペアトレの基本の環境名人になりましょう。それは、もちろん子どもが自分でつくり出せる環境ではありません。まわりの大人が、知恵を絞らなければいけない仕事になります。

　「代わりにしてほしい行動のスキルがまだ身についていない場合」の、早期療育のポイントは、いつもとちがっても楽しかったという体験をつくることです。

　まずは、子どもと信頼関係をつくりながら、すこしずつ状況の変化を受け入れられるようにする、あるいは子どもといっしょに環境をすこし変えることで、変わることの因果関係を学びます。

　環境調整については、次の8の「思い通りでなくてもOKを学ぶ」を参考にしてください。

A 子どもと安心できる環境をつくる

● 「視覚優位」の能力を活かして、療育の間、子どもの居場所をなるべく、同じ所、同じ環境設定、同じ人が同じように接するようにします。時々、接する人を変えてみて子どもの反応を見るのも、子どもの行動の意味を考える参考になるかもしれません。

① 快反応 の状態で新しい環境に

○ 新しい所や、ある所に入れない場合や、タイミングがずれて遊びに入れない時は、抱っこしたり、揺らしたり、廊下を歩いたり好きなおもちゃを持って、快反応が引き出された状態のまま活動に入ります。新しい部屋には、好きなおもちゃを用意しておき、前もって写真を見せます。

144

② お気に入り で新しい環境に

○ 子どもが安心できるお気に入りのもの（タオルやぬいぐるみなど）を持たせます。また、子どもと入る部屋や場所には、前もって子どもの好きなおもちゃやグッズを置いておきます。

ワンポイントアドバイス！

　子どもが落ち着いて過ごせるようになり、支援者と信頼関係ができてきたら、大好きなぬいぐるみの位置を変えてみる、椅子の場所を動かしてみる、いつもあるものを隠してみる、あるいは新しいおもちゃを置いておくなどして、すこしだけ変化を持たせていきます。

● 環境や活動内容を変えずにパターン化し、安心できる場所で好きな活動ができることを感じてもらいます。いつもと同じ環境設定にして、写真やカードを並べて今日の流れを先に見せておきましょう。

1 同じこと で安心させる

：同じ場所で同じことができることを確認させ安心させる。

> 1 園なら、同じ時間に同じ部屋で、同じ柄のお皿を使う、同じ絵のパズルをするなどです。家庭なら、同じタイミングで、同じ所で同じ遊びをします。

② その場所に慣れてきたら、すこしだけ環境や活動の内容を変化させます。子どもといっしょに机や椅子を動かすことで、変化を受け入れやすくなることもあります。

╢╫╟
ワンポイントアドバイス！

　まったく同じ課題でも、場所や人がちがってできなくなってしまうと、子どもには失敗体験になります。無理をせずに、「この人といっしょならだいじょうぶ」という関係をつくりながら、小さな成功体験を積み重ねることが、次につながります。

C　すこしだけちがう部分を混ぜていく

● 子どもとの信頼関係ができたら、環境の一部や、遊びの内容や、
流れを、すこしずつ変化させてみます。

1　 ほとんど同じ ですこし変える

ア　A ⇨ B ⇨ C

　　○ 机の向きをすこしずつ変えていきます。

A　いつもの向きで

B　すこし横向き

C　反対向き

イ A ⇨ A′ ⇨ A″

○ ぬり絵の紙の大きさを、「いつもの大きさ ⇨ すこし大きく ⇨ 倍の大きさ」と、すこしずつ変えていきます。

ウ A ⇨ C ⇨ B

○ 場所の順番を変えます。「外で遊ぶ ⇨ 部屋で課題 ⇨ プレイルームで遊ぶ」 → 「外で遊ぶ ⇨ プレイルームで遊ぶ ⇨ 部屋で課題」。

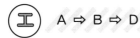 A ➡ B ➡ D

○ ひとつだけ新しい遊びを入れます。「くすぐり遊び ➡ 指遊び ➡ お絵かき」 → 「くすぐり遊び ➡ 指遊び ➡ 毛布ブランコ」。

A いつものくすぐり遊び

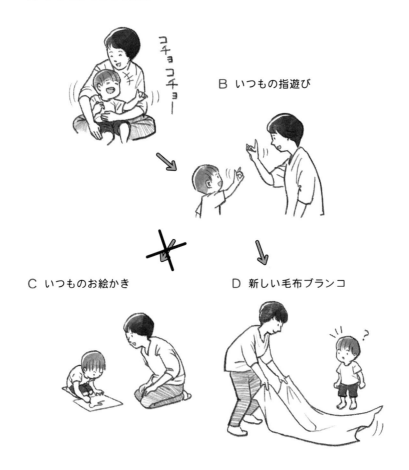

B いつもの指遊び

C いつものお絵かき

D 新しい毛布ブランコ

ショートペアトレ

変化を楽しむ

　課題の順番を変える、別な課題を入れてみる、支援者を変える、その変化への反応で、どういう変化が一番気になるかを知ることもできます。

　そして、いつもとちがうことに慣れ、ちがっていても楽しく過ごせることが、子どもの経験になっていきます。

　もし、何かに気づいて、「あれ？」という顔をしたら、「気がついたねー」「ちがうね」と言いながら、そのまま子どもの好きな課題や遊びをはじめます。

　そうして、「いつもとちがうことを拒否しなくても楽しいよ」、「見た目がちがってもだいじょうぶだよ」、「予定とちがっても心配ないよ」と、そのちがいを受容する力を伸ばしていきます。

　日常生活における変化は、すぐにはむずかしいかもしれませんが、「いつもとちがってもだいじょうぶだったね」「がんばったね」「楽しかったね」と声をかけることで、変化への受容を強化していきます。

環境＆注目名人になる

　一般的に、発達障害の子どもたちは「視覚優位」と言われます。車の種類やロゴ、看板や建物を覚えるのがとても得意です。

　ある３歳のお子さんのお母さんが、「この子、新幹線の名前ぜんぶ覚えているんですよ」と先生に話したら、「それは発達障害の症状ですね」と言われたそうです。とても残念に思います。

　得意なことは得意で伸ばしてあげればそれでいいと思います。そこからいくらでも子どもの世界をひろげていけると思います。

　もちろん、子どもの中で視覚の情報が強すぎると、「おもちゃの配置がちがうと並べ直さないと気がすまない」、「いつもと道順がちがうとパニックになる」という状態につながるのだと思います。

　予測していた頭の中にある映像と、実際に目の前に見える映像がちがえば、気持ちが落ち着かなくなり、不安になったり混乱することは想像ができます。逆に、それが一致すれば、「ほら思っていた通りだ」と安心します。

　この能力は、時と場合によってはとても優れた能力になるのでしょうが、常に変化に満ちた日常生活の中では過ごしにくさ倍増です。

　「いつもとちがってもだいじょうぶ」ということを学ぶためには、「目に見えるものも変化することがある」、「変化しても困らなくて

いい」、「変化したことでもっと楽しく遊べた」という経験を積むことが、第一歩です。

　そのためにはまず、同じ所、同じ遊び、同じ順番、同じ人で子どもの安心感や信頼感をきずきます。家庭でも、同じ時間、同じ所、同じ遊びをやってみます。

　子どもが落ち着いて過ごせるようになったら、すこしだけ変化をつけてみます。

　不安やパニックになりそうであれば、無理をしてはいけませんが、「あれ、何かちがうけど」くらいであれば、そのままつづけます。

　最後までできたら、「楽しかったね」、「またしようね」と声をかけておしまいにします。

　子どもの中で、「いつもとすこしちがったけど楽しかった」、「また明日もやりたい」という体験に変わり、変化を受け入れる経験や力になります。

　もちろん、先に予測させておくことも大切です。「今日はいつもの道は通れないよ」、「今日の遊びの順番はこうだよ」とスケジュールを示すことでパニックを防げることもあります。

　おでかけや遠足など、まったく新しい場所にいく時や、表現会や参観日などの行事の時は、あらかじめその場所の写真を見せたり、去年のビデオを見せておくことが、視覚的情報として安心感を高めてくれます。

8

思い通りでなくてもＯＫを学ぶ

● なぜ、ことばで気持ちを伝えないの？

「思い通りにならないと、すぐにかんしゃくを起こす」、親ごさんや保育士さんにとっては、切実な課題かもしれませんが、欲求や思いが出てきたことの表現ですから、喜ぶべきことかもしれません。「思い通りでなくてもＯＫ」を学ぶのは、子どものほうではなく、むしろ大人のほうかもしれません。

大人でも、できないことはいくらでもあります。それでも、お父さんなら許されることがあります。「ごはんを食べずにゲームをしている」、「何度呼んでも返事をしない」、「朝いつまでもパジャマを着ている」、お父さんには、お父さんなりの理由があれば、子どもにも、子どもなりの理由はかならずあります。

それでも、かんしゃくを起こすことは、子どもにとっては不快な感情であり、叱られれば叱られるほど失敗体験を重ねることになります。

世の中が思い通りにならないことを学ぶには、幾多の体験が必要です。大人がなんとかやり過ごせるのは、かんしゃくを起こすともっとわるい状況になることを予測できるか、もしくは、かんしゃくを起こす代わりの対応策を持っているからです。

　しかし、その対応策をかならず使うわけではありません。対応策は、使うためではなく、持っていることが重要なのだと思います。そうであれば、子どもの中にどんな対応策を、どうやって持たせるかが重要な課題になります。

　子どもは、大人のように、そのかんしゃくの結果を予測することは不可能だと思います。ある程度予測したとして、思い通りにならない爆発的感情の前では、ひとたまりもないことでしょう。

　では、子どもが自ら思い通りにならない時の対応策を考えたり、心の中に持つことができるでしょうか。

　これも、子どもの小さな経験の中で学びなさいというのは、とてもむずかしいことだと思います。「ものごとが思い通りにいかなくても、かんしゃくを起こさない」というのは、はっきり言えば不可能なのです。

　かんしゃくを起こす代わりに、どうすればいいのか。それは、まわりの大人が考え、その代わりの行動がとりやすい環境を整えることがすべてです。

　ここでは、「思い通りでなくてもだいじょうぶ」そのものを学ぶのではなく、小さくても成功体験に終わらせる環境をつくること、「待つ力」、「がまんする力」、「見通しを持つ力」を育てることが、早期療育の課題になります。

Ⓐ 失敗させない

● 子どもが確実にできそうな課題からスタートします。失敗しそうになったら、さりげなく介助し成功体験に終わらせます。

① 成功体験 を積み重ねる

：子どもが簡単と感じるものからスタートします。

> ◯ ピースの少ないパズル、通しやすいひも通し（硬いひも）、洗濯ばさみ（にぎりやすい大きめのもの）など簡単な課題からスタートします。失敗しそうになったら、さりげなく助言や介助を行い、失敗させないようにします。そうして、成功体験を積み重ねていきます。

ショートペアトレ

「できた1割を伸ばす」

　簡単なものからスタートする他にも、9割手伝って、最後の1割を子どもにさせて成功体験を味わいながら、介助量を8割、7割と徐々に減らしていく方法もあります。

　たとえば、靴下をうまくはけない子に、最初はくるぶしまで上げてあげて、最後だけ子どもにさせる。そして、靴下を上げる場所をかかと、足のまん中あたり、指先というふうにずらしていき、最後は自分ではけるようにする、という方法があります。

　一般的にこのような支援の仕方を、「背向性の支援」と言い、さまざまな場面で使うことができます。

　最後の1割に注目し、「ひとりではけたねー」と声をかけながら、徐々に介助の量を減らしていきます。

　できなかった9割ではなく、「できた1割に注目して伸ばす」かかわり方もペアトレの基本です。

　こうして、成功体験、達成感を十分に味わうことが、うまくいきそうになくてもあきらめずにチャレンジする力を育ててくれます。

② かんしゃく は起こす前に止める

: 手が出たり、かんしゃくを起こしそうになったら、そうなる前に
　止めます。

 ア　かんしゃくを予測して介助する

○ 状況から予測できる時は、支援者がすぐに介助などをし
て、そのかんしゃくを起こす体験をさせないようにします。
たとえば、型はめで入れることができなければ、すぐにさ
りげなく介助して、達成感を味わわせるようにします。

気持ちを好きなものへ向かせる

○ かんしゃくを起こしてしまった時でも、叱らずに「○○が嫌だったんだね」、「○○して遊ぼうか」と共感して、好きなものに気持ちを向かせます。起きてしまったかんしゃくは、元には戻りません。

ワンポイントアドバイス！

　もし、先生みんなで予測ができて、かんしゃくを起こさないようにできるのであれば、はやめに介入して、「今日1日かんしゃくがなかったね」という日をつくってみることも大事です。「今日は楽しかったね」という体験が、子どもに「明日も同じように過ごしたい」という気持ちを育ててくれるかもしれません。

B 待つことやがまんを練習する

● もうすこし待つ、もうすこしつづけるといいことがある、という
体験を積みます。

① 静止 の状態を増やす

○「よーいどん」で動く。支援者の声かけで動き、すこし
待つ必要性を感じてもらう。たとえば、支援者がボーリン
グのピンを3本並べている間「よーい」と言い、並べ終
わった時に「どん」と声をかけ、子どもに手に持ったボー
ルを転がしてもらう。

○ 揺らしているブランコを 10 カウントで止め、要求行動があれば再開する（要求動作の必然性の理解）。

○ 好きなおもちゃを手の届かない所に置き、「ちょっと待っててね」と、すこし待たせてから渡す。

○ 好きな課題を前に提示した状態で、いっしょに 10 カウントしたり、好きな曲を歌って、終わりの見通しをわかりやすいようにして、「終わるまで手はおひざ」を維持する。

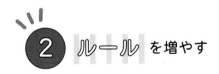

2 ルールを増やす

- -

：「指示に応じれば、よいことがある」というパターンをつくる。

○「座ったらおもちゃを渡す」、「ひとつゴミ捨てをしたら、
ひとつおもちゃを渡す」など、子どもが受け入れられる
ルールをつくり、指示を受け入れることができるようにし
ます。いつでも、すべてが子どもの思い通りにならないこ
とを経験し理解させます。できたら、その行動をほめてあ
げます。

座ったら

捨てたら

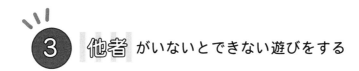

③ 他者 がいないとできない遊びをする

：他者がいてはじめて成立する状況を提供する。

○ 毛布ブランコやオーシャンスイングなど、子どもだけでは遊ぶことができない遊具やおもちゃを使います。「その遊びを楽しむためには、他者がいないとできない」という因果関係への理解を高めさせます。

ワンポイントアドバイス！

　できているうちこそが、まさに声かけ時です。その行動ができているうちに、「やったー」、「できたねー」、「待てたね」、「がまんしたね」としっかり声をかけ、子どもとうれしい気持ちを共有します。

Ⓒ 見通しを持たせる

● もうひとつ大切な環境は、子どもが「見通しを持ちやすい環境」をつくることです。

1 苦手 な活動のあとに 好き な活動を入れる

○ 活動の切り替えができない時、写真や絵カードで視覚的に見通しを持たせます。数字や矢印がわかれば、ホワイトボードに貼ったり、数字をふったり、矢印で順番を示すこともできます。苦手な活動のあとに、好きな活動があることを見せて、見通しを持たせます。

2 環境 を変える

: 行動のＡＢＣ分析から過ごしやすい環境をつくる。

○ 手が出たり、かんしゃくを起こした時、その前に何が
あったか確認します。きっかけが見えてきたら、その行動
の代わりに適切な行動ができる環境に変えます。

ワンポイントアドバイス！

　見通しを持たせるのに、視覚支援が重要なことはみなさ
んご存じだと思います。いつでも確認できて変化しない情
報がわかりやすいことは、大人でも同じです。視覚支援に
も１枚ずつ見せたり、流れを見せたり、いろいろな方法が
あるので、子どもに合うものを探してみましょう。

注目＆環境名人になる

　かんしゃくを起こさないようにするためには、まずかんしゃくの原因を見つけなければいけません。よくお母さんや保育士さんたちから、「意味もなくかんしゃくを起こします」、「いきなり前を通った子を叩きます」というお話を聞きます。

　行動には、かならず理由があり、行動は環境によって大きく左右されます。かんしゃくを起こす前後の状況をＡＢＣ分析します。あるいは同じような状況でも、かんしゃくを起こす時と、起こさない時があると思います。それを比べてみることで、さらにきっかけのようなものが見えてくることがあります。

　かんしゃくを、「起こしたくて起こす子はいません」。かんしゃくというのは、ほぼ突発的なことがらですから、かんしゃくの前に原因があると考えてよいと思います。本人に直接関係がないような、他の子の泣き声とか、保育士さんの「だめ」とか「やめなさい」という声に反応していることもあります。

　でも一番多いのは、遊びを邪魔されるとか、要求が通らない場合だと思います。原因がわかったとして、保育士さんが介入できない場合もあります。

　子どもがかんしゃくで伝えたいことは、それほど複雑なことではありません。その子の気持ちをことばにすれば、「やめて」、「貸し

て」、「したくない」、「どいて」くらいでしょうか。まだことばで伝えられないなら、まわりの大人が代弁してあげるしかありません。

　加配の保育士さんがいる時は、まわりの子どもたちに物理的に手が届かない距離を保ちます。他の子の様子を見て、ジェスチャーも加えて、「やめてできたね」、「貸して言えたね」とことばにします。

　かんしゃくを起こしそうになったら、ハグでも、好きな遊びでも別の行動に誘って止めます。

　そうして、とにかく「今日は手を出さなかった」という体験をつくります。簡単になくすことはできませんが、「今日は楽しかったね」、「なかよくできたね」と最後にうれしさとして共有することで、代わりの行動を身につけていきます。

　＜ないない対応＞より＜あるある対応＞をうまく使うのもポイントです。「〇〇しないと、△△できないよ」と言うと、最後の「できない」ということばに反応して、かんしゃくを起こしてしまうことがよくあります。

　手でバッテンをつくる禁止のサインや、「やめなさい」、「しっぱい」などの否定的なことばだけでかんしゃくを起こすのは、「思い通りにいかなかった」という経験とリンクするのかもしれません。

　「お昼寝しないと、ブロックで遊べないよ」と言う代わりに、「お昼寝したら、ブロックで遊ぼうね」と言うだけですが、子どもにとってはけっこう大きなちがいかもしれません。

9

感覚の適切な入力を学ぶ

● 感覚過敏って何が起きているの？

　発達障害の診断基準に、感覚の過敏さ、あるいは鈍感さがあるという項目があります。

　掃除機の音に耳をふさいだり、乾燥機の音にパニックになったり、長袖は絶対に着なかったり、長靴しかはかなかったりします。

　感覚の過敏さを「過反応」、鈍感さを「低反応」と呼ぶこともあります。これは、あきらかな神経生理学的な異常ではなく、表にあらわれる反応を行動特性としてとらえるからです。

　ただ、行動上にそういう反応があらわれると、適応行動はあきらかに妨げられます。いろいろな音が同じ情報量として入ってくると、混乱して、空を眺めたり、目の前で手をくるくるしたりして、その感覚を遮断したりしなければなりません。

　それは、刺激の足りない分を、子どもたちが自分なりに補い欲求を充足させたり、刺激の過剰な分を、自分なりにカットして気持ちを安心させている姿なのだろうと思います。

このような行動上の問題は、無理に止めればさらにストレスになります。それでも、まわりの人に対する気持ちが強くなっていけば、かならず改善されていきます。

　発達障害における感覚の過敏さや鈍感さが、適応行動を妨げていることは、私たちが想像する以上に多いかもしれません。というより、想像することが、とてもむずかしいと思います。

　たとえば、耳元でガラスの「キー」とこする音が鳴っている、しびれた足をくすぐられる、と思えばどうでしょうか。とてもその場に合った適切な行動などできません。

　とにかく、不快で、苦手なんだなと思うしかありません。

　早期療育の中に示した方法のように、徐々に慣れさせていく方法もありますが、基本的には、まず回避してから、次の方法を考えるのが近道のように思います。

　苦手なものを克服するための特訓は、やめましょう。特訓である限り、するほうも、されるほうも、ストレスでしかありません。パニックを起こせば、逆に人に向かう気持ちは引っ込んでしまうかもしれません。

　理屈ではありません、避けられるものはとりあえず避けるに限ります。苦手な音は聞かない。嫌いな臭いはやめる。だめなものは無理して食べさせない。不快な感覚のものはさわらない。

　もちろん、遊びの中で楽しみながら、慣れさせていくこともできます。その時は、子どもの様子を見ながら無理にすすめないようにしましょう。

A　触覚の適切な入力を練習する

● 触れられるのが苦手な子どもは、少なくありません。抱っこや頭をなでられるのが嫌な時は、触覚だけではなく、距離感が近すぎて嫌という問題もあるかもしれません。

 1 皮膚の **敏感さ** がある時の入力

 粘土遊び

○ 粘土は、手につかない粘性の低いものにします。中くらいの球状の粘土を押しつぶしたり、少量の粘土からはじめます。触れるのがむずかしければ、クリアファイルの間に粘土を入れて平たくし、型抜きをします。

手に触れる

○ 指先ではなく、手のひら全体で、「ギュー」と声をかけ
ながらすこし圧をかけるようにさわります。

 ウ 好きな感覚で遊ぶ

○ 好きな感覚で遊びながら、手や体にさわります。前庭覚
が好きなら、毛布ブランコやぐるぐる巻き転がしで触覚や
圧覚を刺激します。歌やリズム、声かけなど好きな聴覚刺
激を同時に加えるのもよいでしょう。

② 皮膚の 鈍感さ がある時の入力

ⓐ 手探りゲーム

○ 見えない袋の中に手を入れ、その中から好きなミニカーや人形を探します。過敏な子でも、手探りゲームで楽しさが敏感さを上回り、さわれるようになることがあります。スーパーの袋など、すこし透けている袋でもかまいません。

イ すこし強めに触れる //////////////////////

○ 「ここに触れるよ」と注目させてから、大きめの柔らか
いボールを子どもの体にすこし強めに押しあてて、さわり
ます。マジックテープのついたままごとの野菜をはずすの
も有効です。

（吹き出し）ここも触るよ

 ウ ぎゅっと抱きしめる //////////////////////

○ くすぐり遊びや、抱っこで、ぎゅっと抱きしめる。

（吹き出し）ぎゅーー

● 聴覚過敏には、すべての音が大きく聞こえる時と、ある音だけに敏感な時があります。すべての音が大きく聞こえる時は、耳栓やイアマフの適用ですが、ある特定の音が苦手な場合も多いようです。

 1 音への 敏感さ がある時の入力

 ア 聞こえる音を小さくする

○ 耳栓やイアマフで、聞こえる音を小さくします。つける機会は、すこしずつ減らしていきますが、自然に減ることも多くあります。

イ 人の声だけ聞こえるようにする

○ ノイズキャンセリングイアマフで、人の声だけ聞こえるようにします。

 ウ 避けている苦手な音に慣れる

○ 苦手な音は避けます。そして、避けた苦手な音を録音して、すこしずつ音量を大きくし、短い音から長くしていき、認容度を上げていきます。また、好きな遊びをしている時に、すこしずつ苦手な音を流してみます。

② 音への 鈍感さ がある時の入力

 ア 大きめな声や、大きめの音にする

○ 声を大きく、ことばは短く指示します。子どもの好きな音や音楽（ＣＭ曲など）を大きめに流します。

イ 本物の音を鳴らす

○ 太鼓の絵を見せながら、太鼓を鳴らします。鳴らし方を変えて反応のよいリズムやスピードを見つけます。太鼓のように体に響く音や、動物の絵と鳴き声も人気があります。

ウ 音が出ているものを見せる

○ 実際に音が出ているものを見せます。自分でボタンを押して止めたり、動かすことも理解につながります。換気扇など、子どもにはわかりにくい音の時にも有効です。

エ 静かな環境で活動する

○ 静かな環境の中で、適度の刺激で課題に取り組めるようにします。好きな曲が流れているほうが落ち着く時は、ＢＧＭとして流しておいてもＯＫです。

早期療育＋ペアトレ

観察、原因、環境＆注目名人

　触覚過敏、聴覚過敏がある時は、まず回避することが大切です。慣れさせるのは、遊びの中で気づかないくらいの方法では使いますが、特訓のような形では絶対にうまくいきません。特訓はするほうも、されるほうもストレスです。がまんだけしても、次にはつながりません。もっと嫌になるだけです。

　聴覚の過敏がある時、耳栓やイアマフを嫌がる子どももいますが、好きなキャラクターや、好きな色など、自分で選ばせるとできるかもしれません。

　雷やざわざわとした風の音が聞こえるたびに、泣きさけんでパニックを起こしていた子に、イアマフをすることにしました。最初は、雷や風の音がすると急いでイアマフをして泣いていましたが、そのうち泣かなくなり、そのうちイアマフを手に取るだけでも泣かなくなりました。ついには、そこにあるのを確認するだけで、雷や風の音がしてもパニックを起こさずに過ごせるようになりました。

　対応策は、使うためではなく、持っていることが重要なのです。

　偏食や洋服の苦手さは、その子どもだけの特有な不快感の時が多いのですが、観察していると何が苦手なのかは見えてきます。

　食べものの場合は、色、臭い、味、食感、見た目。園での様子も

参考になります。もし理由がわかれば、園と家庭で連携して同じ対応をすることで、子どもも落ち着いて過ごせます。

　ただ、家では白ごはんしか食べないのに、園ではなんでも食べる子も少なくありません。そんな時は、「今日、〇〇食べたんだね。先生ほめてたよ」と食卓に並べておけば、すこし手が出やすくなります。園で全部食べていれば、栄養がそれほど偏ることもありません。焦らずに、食事の時間を楽しく過ごすことが大切です。

　洋服の苦手さも、なかなかむずかしい問題です。色、素材、袖の長さ、ボタンの有無や大きさ、タグの有無、デザインなど、子どもなりのいろいろな思いがあります。

　触覚の過敏さがある時は、やはり避けるのが一番ですが、朝の慌ただしい時に、色や、ボタンの有無、デザインが「ちがうー」と言われると、イライラして怒りたくなるのももっともです。

　しかし、子どもにすれば、前の日から「あれを着る」と決まっていたのかもしれません。そこにまったくちがうものが出てくれば、「ちがうー」と言いたくなるのもしかたありません。

　そんな時は、選択肢を使ってみてください。似たようなものを２つ並べて、「ごめんね、どっちがいい？」と聞きます。お気に入りがない時にどうすればいいかは決められなくても、選ぶことならなんとかできます。もし選んでくれたら、「選べたね、ありがとう」と声をかけて、選ぶこともわるくない、選べると過ごしやすいという経験にすこしずつ変えていきます。

あとがき

上野　良樹

　私が小児科医として発達障害にかかわりはじめてから、まだ10年足らずです。その頃は、公立の急性期病院に勤務していました。それでも、「発達障害と言われたのですが……」、あるいは、「うちの子は発達障害でしょうか？」と不安な表情で受診されるお母さん方と、その横で無邪気に遊んでいる子どもの姿を毎日のように外来で診ることになりました。

　その時、最初に感じたのは「必要なのは発達障害という診断ではなく、お母さん方への支援ではないか」ということでした。手探りの中でたどりついたのが、ペアレント・トレーニングという方法でした。

　本来は、専門的な医療機関でグループで行う方法ですが、ひとりではじめるしかありませんでした。それでも、個別に行うメリットもたくさんあり、それなりに手応えを感じ、「子育てが楽しくなる魔法教えます」というタイトルで本を出版しました。この本は、今でも外来でテキストとしてお母さん方といっしょに使っています。

　それから3年後、「保育に活かすペアレント・トレーニング」という本を出版しました。それは、子どもたちが多くの時間を過ごす保育園や幼稚園でのかかわりの重要性をあらためて感じたからです。

医学よりはるかに長い歴史を持つ保育や教育の中にこそ、子どもたちの成長を喜び、子どもたちのまわりにゆっくりと流れる時間をつくり出すノウハウが蓄積されていると感じました。保育士さんたちと研修会も重ね、それを共有したいという思いから生まれたものです。

　しかし、これまで外来で行ってきた個別のペアレント・トレーニングの限界も感じなければなりませんでした。それは、まだ診断をつける必要はないものの、より早期からかかわらなければいけない子どもたちの存在でした。

　その時に、現在の金沢こども医療福祉センターに勤務することになり、療育の先生方のかかわりを目の当たりにして、ここに早期療育があると確信しました。

　その先生方のノウハウとペアレント・トレーニングをなんとか組み合わせたいと思いできたのがこの本です。

　素敵なまうどんさんのイラストで文章に命を吹き込んでいただきました。親ごさんや保育士さんたちに、いつでもはじめられ、すぐに使えるテキストとして参考にしていただければと思っています。わかりにくい点やもっと詳しく知りたいことなどがあればいつでもお問い合わせください。

　最後になりますが、当センターのすべてのスタッフに敬意と感謝をささげます。

2021 年 1 月

あとがき

金沢こども医療福祉センター　作業療法士　安本 大樹

　発達障害の作業療法に携わって 30 年以上経ちました。個人的には、最初の頃はどのようにかかわっていったらよいか、試行錯誤の日々でした。しかしここ数年来、療育指導のあり方や方向性を保護者や、周囲の療育者に伝える機会が多くなり、本来療育とは、病院などの専門機関ではなく、生活場面に自然に織り交ぜられ、子どもたちの育ちの連続性の一面を保証しながら展開していくものだと、強く感じています。

　特に、ご家庭以外での療育の場である保育園やこども園などの先生方の毎日のかかわりが、とても重要なことに気づかされています。

　この本には、そんな私や私以外の作業療法士が、日々子どもたちとかかわってきた中で、実際の現場でもわかりやすく、すぐに使える作業療法士のエッセンスが詰まった指導を紹介しています。

　最後に、この様な機会を与えていただいた当センター小児科の上野良樹先生に感謝し、チャーミングで魅惑的な笑顔でいつも私たちを魅了してくれる子どもたちと、いつも傍らで優しく見守っている保護者や療育者の方々に、この本を捧げたいと思います。

2021 年 1 月

著 者

上野 良樹 （うえの よしき）

1951 年、富山県生まれ。大阪医科大学卒業。
金沢大学医学部小児科医学研究科学位取得。日本小児科学会専門医。
珠洲市民病院、厚生連滑川病院、金沢大学医学部小児科、
カリフォルニア大学ロサンゼルス分校に留学。
1993 年より、小松市民病院小児科部長として小児科医療にあたる。
2014 年より、小松市民病院副院長兼小児科部長。
2016 年より、小児科医として、金沢こども医療福祉センター・金沢療育園施設長を務める。
著 書
「小児科医のアフタヌーンコール」（北國新聞社）2000 年
「続・小児科医のアフタヌーンコール」（北國新聞社）2004 年
「子育てのスキマに読んでほしい話」（北國新聞社）2012 年
「子育てが楽しくなる魔法教えます」（ぶどう社）2015 年
「不登校に、なりたくてなる子はいない。」（ぶどう社）2016 年
「保育に活かすペアレント・トレーニング」（ぶどう社）2018 年

金沢こども医療福祉センター　（社会福祉法人　石川整肢学園）

1958 年、金沢市平和町に開設した肢体不自由児施設石川整肢学園を前身とし、2006 年、金沢市吉原町に移転を機に、金沢こども医療福祉センターと名称を変更。50 年以上の歴史の中で、対象児は肢体不自由児のみならず知的障害児や重症心身障害児（者）へと拡大してきた。現在、医療型障害児入所施設・療養介護施設、児童発達支援センターによる医療福祉サービスと、小児整形外科疾患、知的・発達障害、心身症に対するリハビリテーションや治療を行っている。
ホームページ　http://www.seishi.isg.or.jp/kodomo_index.html
作業療法チーム

安本大樹	中農 栄	山根貴子	加藤哲也	諌山哲規	山本めぐみ
村田憲司	山本翔太	松本愛花	大島 彩	能田月花	橋本 賢

イラスト …… まうどん

発達障害の早期療育とペアレント・トレーニング

親も保育士も、いつでもはじめられる・すぐに使える

著　者　　　上野良樹・金沢こども医療福祉センター・作業療法チーム

初版印刷　　2021 年 2 月 20 日
6 刷印刷　　2024 年 4 月 10 日

発行所　　ぶどう社
　　　　　　編 集／市毛 さやか
　　　　　　〒 154-0011　東京都世田谷区上馬 2-26-6-203
　　　　　　TEL 03（5779）3844　FAX 03（3414）3911
　　　　　　ホームページ　http://www.budousha.co.jp

　　　　　　印刷・製本／モリモト印刷　用紙／中庄

上野良樹先生の本

ぶどう社

子育てが楽しくなる魔法教えます

はじめてみようほめ育てプログラム

子育てがもっと楽しくなる
ちょっと気が楽になる
不安がすこし解消する
簡単ペアトレ入門書！

●1400円+税

保育に活かす ペアレント・トレーニング

"気になる"行動が変わる支援プログラム

行動を変えその行動に注目して
ほめて成長や発達を促す。
状況に応じた適応行動に導く方法を学ぶ。

●1500円+税

不登校に、なりたくてなる子はいない。

子どもといっしょに考える登校支援

１部では、小児科のお医者さんが実践する再登校支援を。
２部では、現在の学校の姿から、学校力について考える。
大切なのは、子どもといっしょに悩み、考えつづけること。

●1700円+税

● 関連書 保育園・幼稚園の ちょっと気になる子

中川 信子 著 言語聴覚士

1章 ちょっと気になる子の理解
2章 子どもを支える配慮と工夫
3章 こんなときどうすればいい？
4章 つながりの中で育てる

ていねいな かかわりは
みんなの 大きな実りに

●2000円+税

お求めは、全国の書店、各ネット書店で